Natürlich Übernatürlich

DESTINY IMAGE® PUBLISHERS, INC.
P.O. Box 310, Shippensburg, PA 17257-0310

Deutsche Ausgabe:

Marienburger Str. 3
71665 Vaihingen/Enz
eMail: verlag@grain-press.de
Internet: www.grain-press.de

Übersetzung aus dem Englischen:
Amelie Himmelreich
Satz: Grain-Press
Cover: Grain-Press, Adaption der Originalvorlage.

Bibelzitate sind, falls nicht anders angegeben,
der Elberfelder Bibel entnommen

Die Bibelzitate wurden der Deutschen Rechtschreibreform angepasst.

ISBN Nr. 9783940538178

EINLEITUNG

Bill Johnson

Als einer der wichtigsten Bestandteile meiner Berufung, lehre ich Christen, wie sie ihr geistliches Erbe entdecken und gebrauchen können. Ich lehre sie sozusagen, welche unendlich großen Versprechen Gott uns gegeben hat und wie wir sie gebrauchen können, damit Seine Herrschaft für die Menschen sichtbar wird. Diese Herrschaft manifestiert sich immer in Reinheit und Kraft und ihre Motivation ist die Liebe Gottes.

Zuerst lehre ich dies in meiner geistlichen Familie der Bethel Church in Redding, Kalifornien, der meine Frau Beni und ich als Hauptpastoren dienen. Mit der tatkräftigen Unterstützung vieler gesalbter Co-Leiter, bringen wir Gottes Botschaft dann in das größere Feld der weltweiten Gemeinde. Wir bieten den Menschen auf die unterschiedlichste Art und Weise immer wieder eine Kostprobe des Königreichs Gottes an. Wir sind wie Barkeeper des Heiligen Geistes, die (kostenlose) Geschmacksproben des herausragenden Kaffees unseres Vaters anbieten. Wir leiten die Leute so an, dass sie den „guten Geschmack" kennenlernen und daraufhin auch anderen die gleiche Erfahrung ermöglichen. Die großzügige Gnade Gottes freigiebig weiterzugeben, entwickelt sich bei uns zu einer blühenden Kultur: Wir müssen selbst zuerst davon trinken und uns an der einzigartigen Mischung von Erfrischung und Entspannung erfreuen, die aus gut dosierten Mischungen des wahren „geistlichen Gourmetkaffees" kommt.

Ein zu großer Teil der Gemeinde Gottes hat den Reichtum des Himmels auf der Bank liegen und ist der Meinung, dass wir ihn erst erhalten, wenn wir sterben und dorthin gelangen.

Die Annahme, dass der Himmel erst in Zukunft für uns zur Realität wird, hat viel zu viele von Gottes Ankündigungen in der Bibel auf Wahrheiten beschränkt, die angeblich nur unter bestimmten Voraussetzungen gelten. Die Menschen erkennen diese zwar an, erleben sie aber nie in ihrem eigenen Leben. Es ist an der Zeit, dass sich das ändert.

Viele Gläubige bleiben unreif, weil sie nie über die Offenbarung, dass sie durch Gnade errettete Sünder sind, hinauswachsen. Mit „hinauswachsen" meine ich nicht sie „zurückzulassen", sondern „darauf aufzubauen". Diejenigen, die sich weiterentwickeln, verstehen, dass Gottes letztendliches Ziel nicht nur die Vergebung unserer Sünden war. Sein Ziel war die Einladung an uns, wieder zurück in eine vertraute Familienbeziehung zu kommen – als Söhne und Töchter, als vollwertige Erben. Johannes 1,12 sagt, dass wir das Recht haben, Kinder Gottes zu *werden*. Wenn Gott uns in eine Beziehung mit ihm einlädt, dann ist dies die Einladung zu einem Entwicklungsprozess und einer völligen Veränderung.

Diese Transformation unseres Lebens kann anhand eines Maßstabs beurteilt werden – an Jesus Christus, unserem Vorbild: „*Denn die er vorher erkannt hat, die hat er auch vorherbestimmt, dem Bilde seines Sohnes gleichförmig zu sein, damit er der Erstgeborene sei unter vielen Brüdern.*“ (Römer 8,29). Wir werden in dem Prozess immer mehr wie Christus, unser älterer Bruder. Es ist unsere Bestimmung wieder vollkommen in das Abbild und Ebenbild Gottes, in dem wir ursprünglich geschaffen wurden, verwandelt zu werden. Unsere Errettung hat uns auch wieder zu unserer ursprünglichen Bestimmung zurückgeführt: „*Denn wir sind sein Gebilde, in Christus Jesus geschaffen zu guten Werken, die Gott vorher bereitet hat, damit wir in ihnen wandeln sollen.*“ (Epheser 2,10).

Unsere Werke können uns nicht retten, doch wenn sich die Frucht der guten Werke nicht in unserem Leben zeigt, fehlt uns der Beweis, dass wir neue Schöpfungen in Christus sind. Von welchen guten Werken spreche ich? Es wäre zu einfach, Jesu Lehre auf die menschlichen Möglichkeiten zu reduzieren. Neben seiner Aufforderung, die Armen mit Essen zu versorgen, die Nackten zu bekleiden und Menschen in Not zu besuchen, gebrauchte Jesus ausdrücklich den Begriff der *guten Werke*, wenn er von den Zeichen und Wundern sprach, die er vollbrachte. Er erfand weder ein neues Hörgerät, noch trainierte er Blindenhunde. Nein, Er heilte die Gehörlosen und die Blinden. Seine guten Werke offenbarten nicht nur, dass Jesus der Christus ist; sie zeigten auch, wie Seine Beziehung zu Seinem Vater aussah (siehe Johannes 14,8-12). Und Jesu Worte holen uns mit ins Boot: „*Wahrlich, wahrlich, ich sage euch: Wer an mich glaubt, der wird auch die Werke tun, die ich tue, und wird größere als diese tun, weil ich zum Vater gehe.*“ (Johannes 14,12).

Die Aussage könnte nicht deutlicher sein. Wer an Ihn glaubt, wird Zeichen und Wunder vollbringen. Doch es kommt noch besser: Wer glaubt, wird die gleiche Art von Beziehung zum Vater erleben und die gleiche Salbung des Heiligen Geistes besitzen, die Er hatte. Wir sind dazu berufen, zu dienen, wie Jesus es tat. Durch Seinen Tod und Seine Auferstehung haben wir Zugang zu allem, worüber auch Jesus verfügte, um gute Werke zu tun. Folgendes spricht Er uns zu: „… Wie der Vater mich ausgesandt hat, sende ich auch euch." (Johannes 20,21).

Es ist immer noch Seine Absicht, in Zusammenarbeit mit Seinen Kindern Sein Königreich auf der Erde zu bauen. Für Ihn wäre es ein Leichtes, mit einem Schlag die Herrschaft über die Erde zu übernehmen. Doch Seine Herrlichkeit und Liebe kommen am besten zum Ausdruck, wenn Er dabei die Beziehung zu den Menschen, die Er in Seinem Bild geschaffen und mit denen er einen Bund geschlossen hat, mit einbezieht.

Manche Leute haben die Geschichte des Bundes so gedreht, dass sie eher auf dem Versagen der Menschheit beruht, als auf der Natur Gottes. Seminarteilnehmer und Historiker werden gelehrt, dass christliche Erweckungen gewöhnlich zwei bis sechs Jahre andauern. Erweckung geschieht ihrer Ansicht nach hauptsächlich, um der Gemeinde Gottes eine Spritze zu verpassen. Danach sollte man sich darauf einstellen, seine normalen Geschäfte fortsetzen zu müssen. Historisch gesehen ist das richtig. Doch die Schlussfolgerung stimmt nicht. Der Wille Gottes würde hierdurch durch das, was die Gemeinde getan hat, definiert, anstatt durch das, was Gott uns zur Verfügung gestellt hat.

Gott ist immer und uneingeschränkt gut und der Bund Seiner Liebe bleibt für immer bestehen. Aufgrund dessen hat Er geplant, Seine Erde mit Menschen zu füllen, die in

Seinem Ebenbild geschaffen sind, in der richtigen Beziehung zu Ihm leben und die Autorität über der Erde ausüben, die ihnen zugesprochen wurde. So sieht Sein Königreich aus. Dies ist das normale Leben eines Christen. Alles andere wäre ein Schritt zurück.

Wenn Erweckung geschieht und der Heilige Geist ausgegossen wird, bricht die Gegenwart des himmlischen Königs herein und verdrängt den Fürst der Finsternis. Menschen erleben das Leben und die Kraft des Königreiches Gottes. Körper werden geheilt, Seelen befreit und gerettet, Gläubige wachsen in Einheit und die Gesellschaft und die Erde werden schließlich völlig transformiert.

Wahre Erweckung ruft Menschen nicht nur in die Nachfolge Gottes, sondern fordert sie auch dazu auf, ihren Platz in der Geschichte einzunehmen und mit Ihm gemeinsam Seine Herrschaft über allem zu festigen.

Der Heilige Geist kommt nicht, um uns eine Spritze zu verpassen; Er kommt, um uns dabei zu helfen, den Lauf zu Ende zu laufen und den Staffelstab an die nächste Generation weiterzugeben, weil er will, dass sich der Kraftimpuls Seines Königreichs mit jeder erfolgreichen Generation vergrößert.

Inhalt

Kapitel 1

Geistliches Erbe

Bill Johnson

Was ist das Ziel eines natürlichen Erbes? Es soll den Kindern einen Vorsprung verschaffen, damit sie nicht wieder dort beginnen müssen, wo ihre Eltern angefangen haben. Eltern, die so gesegnet sind, ihren Kindern etwas Bedeutendes zu hinterlassen, geben ihnen eben diesen Vorsprung, in der Hoffnung, dass sie in ihrem Leben möglichst schnell vorwärts kommen. Auf diese Weise sorgt jede Generation für einen Aufschwung der nachfolgenden. Ein geistliches Erbe funktioniert genauso. Es ermöglicht der nächsten Generation, dort anzufangen, wo die vorherige aufgehört hat.

Der Herr möchte, dass uns dieses Prinzip neu bewusst wird, denn es ist eines der bedeutendsten und doch oft übersehenen Prinzipien des christlichen Lebens. Er will, dass jede Generation ihr geistliches Erbe weitergibt.

Wie du siehst, bekommen wir mit einem Erbe etwas umsonst, für das jemand anderes bezahlt hat. Wir können vom Herrn Gnadengaben erben, ohne selbst durch jeden einzelnen Prozess zu gehen, den frühere Generationen durchlaufen mussten.

Ein geistliches Erbe dient dazu, dass wir noch effektiver und wirksamer den König und Sein Reich repräsentieren können. Es ist nicht zu unserer Genugtuung da. Ja, natürlich ist es erfreulich, angenehm, ermutigend und wir dürfen es genießen. Doch wir erhalten es nicht nur zu unserem eigenen Vergnügen. Ein geistliches Erbe ist dazu da, Türen zu öffnen, damit der König und Sein Königreich an noch mehr Orten Einfluss nehmen können.

Während uns ein natürliches Erbe etwas gibt, was wir vorher nicht hatten, zieht ein geistliches Erbe nur den Vorhang zurück und offenbart das, was wir bereits besitzen dürfen. Aus diesem Grund hat Moses gesagt: „… *was aber geoffenbart ist, das ist ewiglich für uns und unsere Kinder bestimmt …*“ (4. Mose 29,28, Schlachter Bibel). Ein geistliches Erbe zu erhalten ist, als ob man erfährt, dass irgendjemand schon vor Jahren, zehn Millionen Euro auf dein Konto eingezahlt hat. Du hattest die ganze Zeit dieses Geld, doch jetzt bist du frei es auszugeben, weil du erfahren hast, dass das Geld dir gehört.

Das ist es, was Paulus erklären wollte, als er schrieb:

> *So rühme sich nun niemand irgendwelcher Menschen; denn alles gehört euch: Es sei Paulus oder Apollos oder Kephas oder die Welt, das Leben oder der Tod, das Gegenwärtige oder das Zukünftige – alles gehört euch; ihr aber gehört Christus an, Christus aber gehört Gott an. (1. Korinther 3,21-23, Schlachter Bibel)*

Die Tragik der Vergangenheit war, dass Erweckung kam und ging und die nachfolgenden Generationen den Erfolgen der vorhergegangenen Generationen Denkmäler errichtet haben, ohne je das geistliche Land zu erhalten und besetzen, das ihnen eigentlich vererbt wurde. Sie erbten das Land umsonst, doch sie haben nicht den Preis bezahlt es weiterzuentwickeln, also verloren sie es wieder.

Der schnellste Weg etwas wieder zu verlieren ist, eine defensive Haltung einzunehmen, in der man nur erhalten möchte, was man hat, anstatt es durch eigene Arbeit zu vermehren. Wir lernen dies in dem Gleichnis mit den Talenten, wo Gott denjenigen Mann verurteilt, der von seinem Geld keinen Gebrauch macht, sondern es im Boden vergräbt (siehe Matthäus 25). Sich gegen Erweiterung und Wachstum zu entscheiden, ist gleichzeitig eine Entscheidung, genau das zu verlieren, was wir zu beschützen versuchen.

Es war niemals so gedacht, dass jede zweite oder dritte Generation wieder von Null anfangen muss. Gott möchte jede Generation auf ein höheres Niveau bringen, als die vorherige. Jede Generation stößt in ihren Erfahrungen an eine Decke, die wiederum zum Boden der nächsten Generation wird. Gewisse Dinge, die heute für uns selbstverständlich sind, haben die vorangegangene Generation gewaltig viel gekostet.

Wie bewegen wir uns also in ein neues Gebiet hinein? Indem wir jedes Prinzip auf dem Nächsten aufbauen. Die Wahrheit ist fortschreitend und mehrdimensional. Sie entwickelt sich weiter während wir wachsen und fängt trotzdem nie an, seiner Grundlage zu widersprechen. Ein neues Maß und Level an Salbung schafft es, dass sich die Realität der Bibel für uns ändert.

Momentan entwickelt sich eine völlig neue Generation. Ich bete und glaube, dass diese Generation in einer Salbung leben wird, die es so bisher noch nicht gegeben hat – nicht einmal damals bei den Jüngern. Mit einer höheren Offenbarung wird diese Generation nicht an die natürlichen Prinzipien, wie Erntezeiten oder „Zeiten der Erweckung“, gebunden sein. Jesus sagte: „... *Siehe, ich sage euch: Hebt eure Augen auf und schaut die Felder an! Denn sie sind schon weiß zur Ernte.*“ (Johannes 4,35). Im Königreich Gottes sollte jeder Tag ein Tag der Ernte sein. Unerreichbar scheinende Menschen sollten in nur einem Augenblick für den Herrn gewonnen werden, ohne jegliche Saat oder Vorbereitung oder spezielles Umsorgen.

Mit einer minderwertigen Salbung und Offenbarung müssen wir nach natürlichen Prinzipien und Grenzen leben, um geistliche Ergebnisse zu erhalten. Doch Jesus sagte: „*Hebt eure Augen auf*“, was so viel bedeutet wie: „Mit der Art, wie du die Dinge jetzt siehst, kannst du nicht nach der Offenbarung handeln, die ich dir geben möchte.“ Wir müssen unseren Blick auf Höheres richten und von der Salbung und Offenbarung derjenigen profitieren, die vor uns hergegangen sind.

Jesus trug den Geist Gottes ohne Einschränkung. Je mehr Vollmacht und Richtungsweisung du und ich vom Geist Gottes erhalten, desto mehr sollte unser Leben geistliche Realitäten freisetzen.

Gedankenanstöße

Hast du jemals darüber nachgedacht, dass dein persönliches Erbe des Himmels jetzt eine Realität für dich sein kann? Wie hast du in ihr gelebt? Zusammen mit welcher Person hast du versucht, in eurem Erbe zu wachsen?

....

....

....

Hast du schon einmal in Betracht gezogen, dieses geistliche Erbe an die nächste Generation weiterzugeben? Wie denkst du, würde das aussehen? Was ist momentan deine größte Herausforderung in dieser Hinsicht?

....

....

....

Hast du ein hart erkämpftes Gebiet einfach nur besetzt, anstatt es zu erweitern oder weiterzuentwickeln? Wie würdest du deine „Erfolgsgeschichte" beschreiben? Kannst du sie noch verbessern?

....

....

....

Meditation

Es ist der Wunsch des Herrn, dass das geistliche Gebiet, das du besetzt, und die Lebensbereiche, in denen du beständig Seine Autorität demonstrierst, größer und kraftvoller werden. Das geschieht, wenn du mit Seinem Geist gehst und du den nachfolgenden Generationen dein Erbe weitergibst.

Demütige dich vor Gott und bitte Ihn, dir zwei Dinge zu zeigen; zum einen, in welcher Situation du dich ganz real befindest und zum anderen, was du damit anfangen sollst. Sei offen für alles, was Er dir vielleicht sagen möchte. Vielleicht möchte er dich loben. Vielleicht möchte er dich korrigieren. Was auch der Fall sein mag, Er liebt dich und Er will sehen, dass du in deiner vollen Bestimmung lebst.

Kapitel 2

Kaffee

Eric Johnson

Vor einigen Jahren las ich eines Nachts vor dem Zu-Bett-Gehen in meiner Bibel, als ich spürte, wie der Herr zu mir sprach: „Ich werde dich mit auf den Gipfel des Berges nehmen, um dich etwas zu lehren." Die darauffolgenden 18 Monate machte ich einzigartige und lustige Erfahrungen, und sie hatten etwas mit Kaffee zu tun (was nun wirklich zu den schönen Dingen im Leben zählt).

Es fing eines Abends im Drive-In eines Starbucks an. Ich hatte gerade meine Bestellung für eine Tasse puren schwarzen Genusses – Kaffee – abgegeben. Als ich an das Fenster heranfuhr, reichte mir der Angestellte mein Getränk und sagte: „Das Auto vor Ihnen hat bereits für Ihr Getränk gezahlt." *Das ist echt nett,* dachte ich mir.

In der darauffolgenden Woche befand ich mich wieder im gleichen Drive-In und wartete auf meine Tasse des puren Genusses, doch diesmal musste ich ungewöhnlich lange in der Schlange stehen. Als ich schließlich das Fenster erreichte, um mein Getränk zu erhalten, sagte der Mann im

Fenster diesmal: „ Entschuldigen Sie bitte vielmals. Wir hatten leider einen Zwischenfall, darum geht Ihr Getränk heute Abend aufs Haus." Ich musste also zwei Mal hintereinander für meine Tasse Kaffee nicht bezahlen.

Dies ging 18 Monate so weiter. Die ganze Zeit über fiel es mir sehr schwer, für eine Tasse oder eine Packung Kaffee zu bezahlen.

Ein andermal hatte ich in der Gemeinde ein 15-minütiges Treffen mit einem unserer Mitarbeiter. Da es nur ein kurzes Gespräch war, trafen wir uns im Treppenhaus am Ende eines langen Ganges. Am anderen Ende des Ganges befindet sich unser *HeBrews* Coffee Shop. Während unseres Gesprächs dachte ich mir: *Ich hätte jetzt sehr gerne eine Tasse Kaffee.* Ich fasste mir den Plan, nach dem kurzen Treffen hinunter zu *HeBrews* zu gehen, um mir eine Tasse zu holen. Als diese Gedanken gerade meinen Kopf füllten, kam ein netter Herr mit einem Becher Kaffee in der Hand auf uns zu und sagte: „Ich habe keine Ahnung, warum ich diesen Kaffee gekauft habe. Ich trinke nicht einmal Kaffee. Möchte von Ihnen jemand ihn gerne haben?" Ich sah kurz zu dem Mitarbeiter hinüber, mit dem ich das Treffen hatte und als er verneinte, nahm ich den Becher Kaffee dankbar an.

Als sich diese 18 Monate vor mir entfalteten, eröffneten sie mir etwas ganz Neues: Ein Teil meiner Persönlichkeit neigte dazu, die Dinge nicht mehr zu schätzen, von denen ich genug bekommen hatte. Dieses Erlebnis lehrte mich, mehr zu empfangen, als ich normalerweise als angenehm empfand. Außerdem wurde mir klar, dass ich nicht die Erlaubnis habe etwas zu stoppen, sobald ich genug davon habe. Ich musste lernen, im Überfluss zu leben.

Wenn wir beginnen, in ein neues Verständnis des Überflusses hinein zu wachsen, ist es ganz normal, dass anfangs Gedanken wie: *Ich verdiene das nicht* oder *Warum ich?* aufkommen. Das ist zwar richtig, doch dieser Überfluss ist davon nicht abhängig. Er hängt nämlich von der Tatsache ab, dass Gott von Natur aus so extravagant ist. Wir haben nicht das Recht, diesen Überfluss abzulehnen oder zu stoppen, wenn er einmal fließt.

Was wir nicht vergessen dürfen, ist, dass Seine Güte uns zur Umkehr führt (siehe Römer 2,4). Wir tendieren dazu, diesen Vers umzudrehen und mit der Einstellung zu leben, dass Umkehr uns zu Seiner Güte führt. Gottes Plan ist schon immer, dass Er Seine Güte über uns ausschüttet und uns damit offenbart, dass wir umkehren und unsere Denkweise ändern müssen. Es ging niemals um das, was wir leisten können.

Wenn wir erwarten, dass er uns Seine Güte anvertraut, dann müssen wir lernen, sie nicht zurückzuweisen.

Manchmal ist mir so viel Überfluss und Gunst begegnet, dass es mich wirklich verunsichert hat. Es hat mich mehr demütig gemacht, als irgendetwas anderes je zuvor. Die Lehre, die ich hieraus ziehe ist, dass ich dafür verantwortlich bin, meine Position in dieser Gunst zu halten. Darum ging es Paulus, als er schrieb:

> *„Wenn aber auch wir oder ein Engel aus dem Himmel euch etwas als Evangelium entgegen dem verkündigten, was wir euch als Evangelium verkündigt haben: Er sei verflucht!" (Galater 1,8).*

Was er hiermit ausdrückt, ist: „Lasst es nicht zu, dass andere Lehren euch aus dieser Gunst und Gnade nehmen, von der ich euch erzählt habe. Denn es liegt in der Natur des Menschen, durch ‚Umkehr' mehr von Seiner Güte erhalten zu wollen. Wenn dies wirklich der Fall wäre, dann läge die Grundlage der Gnade in unseren Fähigkeiten – und wir würden stolz werden."

Wenn wir uns entscheiden in der Lüge zu leben, dass

Seine Güte auf dem basiert, was wir tun können, beschränken wir uns auf das, was menschlich möglich ist. Wenn wir jedoch Seine Gnade annehmen, widersetzen wir uns sowohl Logik und Vernunft als auch der physischen Wirklichkeit und Realität dieser Welt und tun das, was menschlich eigentlich unmöglich ist.

In seinen Briefen lässt Paulus einige Worte fallen, die uns einen Einblick geben, in welcher Offenbarung er bezüglich des Evangeliums der Gnade lebte. Diese Ausdrücke sind *armselige Elemente* und *Grundsätze der Welt* (siehe Galater 4,9, Elberfelder; Kolosser 2,8, Schlachter Bibel). Paulus sprach sich hier stark dafür aus, dass wir nicht mehr unter dem religiösen System dieser Welt leben.

Als Jesus auf dem Wasser ging, geschah etwas Besonderes (siehe Matthäus 14,25). Nicht nur, dass es ganz einfach unglaublich war, was Er tat; er zeigte auch, wozu wir ebenfalls in der Lage sind. Jesus machte deutlich, dass es ein Level an Autorität gibt, das es uns ermöglicht, uns über die natürlichen Gesetze des Universums hinwegzusetzen. Er widersetzte sich nicht nur der Logik und Vernunft des menschlichen Verstandes, sondern zeigte auch, dass es die Möglichkeit gibt, mit dem Bewusstsein zu leben, dass die „Gesetze" dieser Welt der Autorität des Königreiches Gottes untergeordnet sind.

Ich bin fest davon überzeugt, dass der Tag kommen wird, an dem der Leib Christi so stark in einer neuen Autorität wandelt, dass es die himmlische Welt in Staunen versetzt. Ich denke immer wieder darüber nach, was Jesus wohl meinte, als er sagte: „Ihr werdet viel größere Dinge tun als ich je getan habe" (siehe Johannes 14,12). Dies ist eine ziemlich erstaunliche Aussage, wenn man bedenkt, was Jesus zu Seinen Lebzeiten alles getan hat. Lasst uns also unseren Platz in Seiner Gnade einnehmen!

Gedankenanstöße

Was hat Gott Eric über die richtige Haltung im Überfluss gelehrt? Erkläre die Lektion in eigenen Worten. Warum wollte Gott Eric dies deutlich machen?

....

....

....

Hat Gott in deinem Leben schon einmal eine „Zeit des Lernens“ angestoßen? Falls ja, was hat Er dich gelehrt? Hattest du etwas mit dem Beginn dieses Lernprozesses zu tun? War es gut so?

....

....

....

Meditation

Es gibt unendlich viele lebensspendende Lektionen, die Gott dich lehren will. Jeder von uns wurde geschaffen, ein weiterfließender Strom des Lebens zu sein. Als du gläubig wurdest, wurdest du in einen konstanten Fluss des Lebens hineingenommen und es liegt in deiner Verantwortung, darin zu bleiben.

Nirgends in der Bibel heißt es: „Wenn du genug hast, stell es einfach ab." Im Gegenteil: Sie sagt uns, dass wir um noch mehr bitten sollen (siehe Sacharja 10,1). Gerade wenn du denkst, dass du genug hast, sagt Gott: „Du hast noch nicht einmal begonnen, an der Oberfläche von dem, was ich für dich habe, zu kratzen."

Verlasse dein unzulängliches Verständnis von Gottes Güte. Bringe dich voller Dankbarkeit in eine Position des Überflusses Gottes.

Kapitel 3

EINE KULTUR DES ÜBERNATÜRLICHEN

DANNY SILK

Vielleicht ist dir die Bethel Church in Redding, Kalifornien, ein Begriff. Falls ja, dann ist es gut möglich, dass dir auch schon Zeugnisse von den übernatürlichen Dingen – besonders Heilungswunder – die dort regelmäßig passieren, zu Ohren gekommen sind. Was viele nicht wissen, ist, dass diese übernatürlichen Vorkommnisse unmittelbar mit der Kultur des Übernatürlichen zusammenhängen, die unsere Gemeinschaft von Gläubigen in Bethel seit über einem Jahrzehnt entwickelt hat.

Im Herzen dieser Kultur steckt die Überzeugung, dass Jesus uns vorgelebt hat, wie das Leben eines Christen aussehen sollte. Er hat uns erklärt, dass all die übernatürlichen Dinge, die durch ihn passierten, direkt aus der innigen Beziehung mit Seinem Vater flossen. Und genau diese Verbundenheit ist es, die Er uns durch Seinen Tod und Seine Auferstehung ermöglichen wollte. Daher können wir nur einen übernatürlichen Lebensstil – einen, in dem uns Zeichen und Wunder folgen – leben, wenn wir unsere wahre Identität als Söhne und Töchter Gottes finden.

Die Leiter der Bethel Church haben sich mit dieser Wahrheit bewaffnet und verstehen es als ihre wichtigste Aufgabe, die Gläubigen zu bevollmächtigen, dass sie Gott kennenlernen und in der Fülle dessen leben, was Er über sie sagt. Weil diese Grundwerte gelehrt und vorgelebt wurden, haben wir als Gruppe immer mehr Glauben und Mut bekommen, den Himmel auf die Erde zu bringen.

Einer der grundlegenden Werte in der Bethel Church ist *Ehre*. Ehre schafft lebensspendende und lebensfördernde Beziehungen. Der Schlüssel zu gegenseitiger Ehre ist, dass man würdigt, wer der oder die andere als Person ist. Dies können wir jedoch nur, wenn wir erkennen, welche Identität und Rolle Gott jedem einzelnen gegeben hat.

Wir sehen dies in folgender Aussage Jesu:

> *Wer einen Propheten aufnimmt in eines Propheten Namen, wird eines Propheten Lohn empfangen; und wer einen Gerechten aufnimmt in eines Gerechten Namen, wird eines Gerechten Lohn empfangen. (Matthäus 10,41)*

Namen und Titel sind etwas Wichtiges. Mutter, Vater, Sohn, Tochter, Apostel, Prophet, Christ, Mensch: Solche Bezeichnungen definieren die Rolle und Identität einer Person. Wenn sie auf die richtige Art und Weise gebraucht werden, etablieren sie die Beziehungen so, wie Gott sie sich vorgestellt hat. Jeder gibt bzw. erhält also einen speziellen Lohn, wodurch wiederum alle ermutigt und gestärkt werden.

Eine Kultur der Ehre entsteht, wenn eine Gemeinschaft lernt, Menschen in ihren gottgegebenen Identitäten zu unterscheiden und anzunehmen. Die Namen „Apostel“,

„Prophet", „Lehrer", „Pastor" und „Evangelist" und ihre unterschiedlichen Salbungen, Denkweisen und Begabungen schaffen ein Netzwerk von Beziehungen, die dazu dienen, den Fokus und Prioritäten des Himmels auf die Erde zu bringen. Bezeichnungen wie „Söhne der Freiheit" und „Kinder des Lichts" definieren, wie wir uns gegenseitig ehren können und wie wir miteinander umgehen müssen. Das gilt besonders dann, wenn bei einer Person in Bezug auf Verhalten und Beziehungen, Disziplin und Wiederherstellung nötig sind. Beschreibungen wie „königlich", „wohlhabend" und „großzügig" prägen die Beziehung, die wir zu unseren eigenen Mitteln und gleichzeitig zu der gesamten Gesellschaft haben, denn die Gemeinde ist dazu berufen, sie zu segnen und ihr mit der Liebe und Kraft des Himmels zu begegnen.

In einer Kultur der Ehre leiten die Leiter mit einer Haltung der Ehre. Sie haben den Mut, die Menschen so zu behandeln, wie die Namen, die Gott ihnen gibt, es ausdrücken und nicht wie andere Menschen sie vielleicht bewerten. Sie behandeln sie wie freie Söhne und Töchter, nicht wie Sklaven; wie Gerechte, nicht wie Sünder; wie Reiche, nicht wie Arme. Außerdem erkennen diese Leiter an, dass es eine gegenseitige Abhängigkeit zwischen den verschiedenen Salbungen gibt, die Gott unter Seinen Leitern verteilt hat. Es ist ihre Bestimmung, als Team zusammenzuwirken, damit wie durch einen Trichter, der Himmel auf die Erde gebracht werden kann.

Solche Leiter lehren und predigen ein Evangelium, welches anerkennt, dass Gott vollkommen gut ist und Er die Liebe und der Friede ist. Sie suchen nach Anzeichen dafür, dass sich diese Realitäten auch eindeutig manifestieren, denn dadurch wird ihnen bestätigt, dass Gottes Gegenwart in ihrer Kultur auch wirklich willkommen ist.

Wenn Seine Gegenwart zunimmt, werden auch Sicherheit und Freiheit stärker. Solche Leiter entwickeln nun Wege, die den Menschen helfen, in dieser Kultur der Freiheit miteinander zurechtzukommen. Sie finden eine Art zu konfrontieren, die sich mit der Gott-gegebenen Identität der Menschen deckt und sie werden von der Leidenschaft, die Verbindungen, die Gott baut, zu beschützen und wachsen zu lassen, motiviert.

Und schließlich führen die Leiter in einer Kultur der Ehre, ihre Leute an den Punkt, dass sie diese Ehre des Königreiches Gottes in der Gesellschaft weitergeben. So können auch unsere Städte das Leben erfahren, welches in unserer Gemeinschaft fließt.

Die eindeutige Frucht einer neuen Kultur der Ehre ist, dass das Auferstehungsleben Gottes anfängt in das Leben, das Zuhause und die Gesellschaft der Menschen zu fließen. Sie bringt Heilung, Wiederherstellung, Segen, Freude, Hoffnung und Ganzheit. Wenn wir diese Früchte nicht sehen, müssen wir uns fragen, ob wir die Menschen um uns herum wirklich so ehren, wie wir es sollten.

Gedankenanstöße

Eine Kultur der Ehre klingt nach einem Ort, an dem es sich gut leben lässt; einem Ort, an dem man wirklich aufblühen kann. Aber während du lernst, andere zu ehren, wirst du immer wieder in Situationen geraten, die deine Liebe herausfordern. Wie zeigst du jemandem Ehre, der gegen andere gesündigt hat? Wie zeigst du jemandem Ehre, der dich ablehnt?

....

....

....

Hast du irgendwann in deinem Leben schon einmal eine Kultur der gegenseitigen Ehre erlebt? Falls ja, wie war das? Inwiefern hatten andere und du eine größere Freiheit als zuvor, Gottes Liebe weiterzugeben?

....

....

....

Kann eine einzelne Person anfangen, eine ansteckende Kultur der Ehre zu entwickeln, ohne dass sie von gleichgesinnten Menschen umgeben ist? Aus welchen Gründen bist du dieser Meinung?

....

....

....

Meditation

Eine Kultur der Ehre beschreibt, wie die Herzenskultur einer Gemeinde aussehen muss, um die Gegenwart Gottes auf lange Sicht empfangen und erhalten zu können. Geistliche Fruchtbarkeit und Weisheit entspringen dem gut gedüngten und bewässerten Erdboden der gegenseitigen Ehre.

Bitte Gott, dir zu zeigen, welche Schritte du persönlich unternehmen kannst, um zu einer Kultur der Ehre im weltweiten Leib Christi beizutragen – unabhängig davon, ob du Teil einer Gemeinde bist, die Wert auf eine bewusste Kultur der Ehre legt, oder nicht.

Kapitel 4

DEN HIMMEL ÖFFNEN

KEVIN DEDMON

Ich dachte früher immer, dass Menschen im Vollzeitdienst eine spezielle übernatürliche Salbung und Fähigkeit haben, welche normale, Alltagschristen nicht erreichen können. Als ich jedoch 1981 den vollzeitlichen Dienst begann, löste sich dieser Mythos sehr schnell auf. Ich merkte, dass ich keine größere übernatürliche Fähigkeit hatte als zuvor, obwohl ich jetzt offiziell ein Pastor war. Auch die anderen Pastoren, die ich kannte, besaßen so etwas nicht. Viele von ihnen verließen sich sogar in keiner Weise auf eine übernatürliche Bevollmächtigung, sondern auf ihr eigenes angeborenes Charisma und ihr natürliches Talent.

Viele der großen Erweckungsträger der Geschichte waren anfangs ganz normale Christen mit sehr gewöhnlichen Hintergründen, wie auch ich einen habe. Smith Wigglesworth beispielsweise, war Klempner, bevor er einer der Generäle der Heilungserweckung des 20. Jahrhunderts wurde. John G. Lake war Manager im Versicherungsgewerbe, bevor er einer der größten Erweckungsträger der frühen 1900er Jahre wurde. William Branham arbeitete in der Wartung und als Reparateur für ein Energieunternehmen und hatte keinen Schulabschluss und doch sah er einige der erstaunlichsten Wunder in der Geschichte der Gemeinde Gottes.

Maria Woodworth-Etter war Hausfrau und Mutter bevor sie als Reisepredigerin umherzog, überall die Kranken heilte und somit dazu beitrug, die Pfingstbewegung einzuleiten.

Aimee Semple McPherson war die Witwe eines Missionars, der nur sehr zögerlich die Einladung, auf einem Schiff zu predigen, annahm, weil niemand anders dafür gefunden werden konnte.

Jesus fragte nicht nach einem Diplom oder einer bestimmten Abstammung, als er begann, die Jünger auszurüsten (siehe Lukas 6,12-16). Er rief sogar speziell diejenigen, die nach weltlichem Maßstab eher gewöhnlich schienen. Es waren ganz normale Menschen, die aus allen möglichen Gesellschaftsschichten kamen (siehe 1. Korinther 1,26-29).

Mir wurde ziemlich schnell bewusst, dass mir die gleiche Einladung galt, die Welt zu verändern, wie es auch die Jünger der Bibel und die Generäle der Erweckungen in der gesamten Kirchengeschichte getan hatten. Was hatten sie denn schon, was ich nicht habe? Ich trage den gleichen Geist, den auch sie hatten. Ich habe die gleiche Autorität. Der einzige Unterschied liegt darin, dass sie die Schlüssel entdeckten, mit denen sie den Himmel öffnen konnten und das erlaubte ihnen, ganz natürlich ein übernatürliches Leben zu führen.

Jesus gab all Seinen Jüngern folgenden Auftrag:

„... predigt und sprecht: Das Reich der Himmel ist nahe gekommen. Heilt Kranke, weckt Tote auf, reinigt Aussätzige, treibt Dämonen aus! Umsonst habt ihr empfangen, umsonst gebt!" (Matthäus 10,7-8).

Der Auftrag an uns ist immer noch der gleiche wie der, der damals an die ersten Jünger ging. Jeder von uns, egal wie gewöhnlich wir uns vielleicht fühlen, ist dazu berufen, das Königreich Gottes auf außergewöhnliche Art und Weise auf die Erde zu bringen.

Interessanterweise wandte sich Jesus nicht an Johannes, den Jünger der Vertrautheit, und sagte: „Oh, Johannes, ich habe ganz vergessen, dass du eher introvertiert bist. Ich weiß, dass du den ‚geheimen Ort' der Intimität bevorzugst, wo du deinen Kopf an meine Schulter legen kannst. Ich weiß, dass du kein Evangelist bist. Du musst wirklich nicht gehen. Ich werde einfach Petrus schicken. Er ist extrovertiert. Er hat kein Problem damit, zu Leuten irgendetwas zu sagen und bei jeder Gelegenheit ein neues Risiko einzugehen!" Nein, Jesus sandte alle zwölf Jünger, ungeachtet ihrer Persönlichkeit, ihres Temperaments oder ihrer Begabung. Er sandte den Introvertierten mit dem Extrovertierten, den Schüchternen mit dem Wagemutigen, den Unbegabten mit dem Begabten, damit sie die Gute Nachricht predigen und demonstrieren.

Genauso hat Gott jeden von uns dazu berufen, ein außergewöhnlich übernatürliches Leben zu führen. Als ich anfing, einen übernatürlichen Lebensstil zu entwickeln, war ich von den neuen Qualitäten der Risiken, auf die ich mich einließ, oft eingeschüchtert und fühlte mich nicht gut genug dafür. Ich war mir meiner eigenen Unfähigkeit immer bewusst.

Ich bin zu dem Schluss gekommen, dass, wenn Gott mich gebrauchen kann, um das Außergewöhnliche zu tun, Er wirklich jeden gebrauchen kann.

Gottes Plan ist es, dass jeder Gläubige ein Träger Seines außergewöhnlichen Königreiches ist, so wie der Apostel Paulus in Kolosser 1,27 lehrt: „... *Christus in euch, die Hoffnung der Herrlichkeit.*" Wir sind gerufen, ein natürlich übernatürliches Leben zu führen, denn „*Jesus Christus ist derselbe gestern und heute und in Ewigkeit.*" (Hebräer 13,8).

Gedankenanstöße

Denke über die Tatsache nach, dass das Königreich Gottes, welches hier auf der Erde sehr außergewöhnlich erscheint, im Himmel ganz normal ist. Hilft dir dies, eine Brücke von deinem gewöhnlichen Leben zu einem Leben des übernatürlichen Überflusses zu schlagen? Gibt es praktische Schritte, die du gehen kannst, um sicherzugehen, dass du im übernatürlichen Leben des Königreiches Gottes wächst und noch mehr darin lebst?

....

....

....

Wer war die erste Person, von der dir bewusst wurde, dass sie himmlische Gnade und übernatürliche Kraft verkörpert? Was hast du mit dieser Person gemeinsam?

....

....

....

Glaubst du, dass Gott dich noch viel mehr gebrauchen will, als du dich von ihm gebrauchen lassen willst? Was ist für dich der Hauptgrund dafür, mehr von Seinem Königreich in deinem Leben sehen zu wollen?

....

....

....

Meditation

In der Bibel finden wir einen Bericht nach dem anderen davon, wie Gott Menschen gebrauchte, die sich eigentlich nicht geeignet fühlten, Seinen Auftrag auszuführen. Gideon ist hier ein gutes Beispiel: Als Gott ihn beauftragte, mit sehr geringen, anscheinend unzulänglichen Mitteln den Kampf gegen einen Respekt einflößenden Feind anzuführen, fühlte sich dieser dafür völlig ungeeignet (siehe Richter 6). Als Gott ihn aufforderte, sich zu erheben und etwas gegen die Ungerechtigkeit, die das Volk Gottes zu der Zeit erfuhr, zu unternehmen, brachte er nur heraus: „Ich bin der Kleinste. Ich bin der Schwächste. Was kann ich schon tun?"

Der Schlüssel dazu, ein natürlich übernatürliches Leben zu führen, ist das Bewusstsein, dass, was auf der Erde außergewöhnlich erscheint, in Seinem Königreich ganz normal ist. Das Königreich Gottes ist an sich gewöhnlich außergewöhnlich und dieses außergewöhnliche Königreich ist in uns (siehe Lukas 17,21). Darum sollte es normal sein, dass außergewöhnliche Dinge passieren, wenn wir Gottes Königreich durch unser Leben freisetzen. Denn dann können wir unglaubliche Dinge erleben: Wunder, Heilungen, prophetische Einsichten in Situationen und in das Leben der Menschen und die Befreiung der Unterdrückten.

Bitte Gottes Geist, in deiner Gewöhnlichkeit Sein außergewöhnliches Königreich entstehen zu lassen. Bitte ihn, dass er dir die Fähigkeit gibt, auf dem Wind Seines Geistes zu segeln, wohin Er dich auch führt.

Kapitel 5

Verliebte machen den Unterschied

Chris Overstreet

Gottes Liebe zu kennen, bedeutet, Gottes Liebe zu erleben. Und was wir erleben, können wir auch an andere weitergeben. Mike Bickle, der Vorsteher des Internationalen Gebetshauses in Kansas City, lehrt, dass Verliebte mehr Arbeit erledigen können als reine Arbeiter! Gottes Liebe verändert die Welt in uns, was wiederum die Welt um uns herum verändert.

Liebe ist aktiv, nicht passiv. „*Denn so hat Gott die Welt geliebt, dass er seinen eingeborenen Sohn gab, damit jeder, der an ihn glaubt, nicht verloren geht, sondern ewiges Leben hat.*“ (Johannes 3,16). Gottes Liebe muss die Grundlage für alles sein, was wir in unserem Leben tun. Wir lieben andere Menschen mit Gottes liebendem Herzen, weil Er uns zuerst geliebt hat. Es ist die Liebe Christi, die uns zum Handeln veranlasst.

1996 fand ich mich in einem tiefen Loch wieder. In einer Gefängniszelle kniete ich mich mit meinen 375 Pfund nieder und lud Jesus ein, in mein Herz zu kommen und alle meine Sünden zu vergeben. An diesem Tag spürte ich echte Liebe und diese Liebe darf ich nun der Welt weitergeben.

Viele Menschen versuchen den Mut aufzubringen, Christus an andere weiterzugeben, zu prophezeien und Kranke zu heilen. Wenn wir ganz einfach von der Liebe motiviert sind, wird diese Liebe auch die Tür für Wunder öffnen, die dann in und durch unser Leben geschehen.

Jesus kam, um die Werke des Teufels zu zerstören (siehe 1. Johannes 3,8). Genauso ist es auch unser Auftrag, die Werke des Teufels zu vernichten. Die Werke des Teufels sind die Dinge, die uns davon abhalten wollen, das zu erleben, was Christus uns geben wollte: Leben im Überfluss auf Erden, wie es auch im Himmel ist. Sünde, Krankheit und Leiden sind vom Teufel und nicht von Gott. Gott ist gut und der Teufel ist böse. Gott ist voller Wahrheit. Der Teufel ist ein Lügner.

Wenn unser Blick immer auf den Himmel gerichtet ist, leben wir mit einer himmlischen Perspektive. Gott ist gut und im Himmel gibt es keine Krankheit, Sünde, Armut, Depression, Angst, Furcht, Schmerz oder Ablehnung. Was wir im Himmel sehen, ist Gesundheit, Wiederherstellung, Friede, Erlösung, göttliche Beziehung zu Jesus, himmlische Begegnungen, Hoffnung, Freude und Wohlergehen.

Kolosser 3,2 fordert uns auf: „*Richtet eure Gedanken auf das, was im Himmel ist, nicht auf das, was zur irdischen Welt gehört.*" (NGÜ). Um in der Realität des Himmels zu leben, müssen wir in uns eine Gesinnung entwickeln, die auf die Kultur des Königreiches Gottes gerichtet ist. Der Heilige Geist ist unser Helfer und er hat sich entschlossen, uns bei der Veränderung unserer Denkweise zu helfen, damit wir mit Seiner himmlischen Weltsicht übereinstimmen können. Wir müssen mit dem Heiligen Geist gefüllt sein und Ihm erlauben, frei durch uns zu wirken. Der Heilige Geist bevollmächtigt uns, unseren Verstand fortwährend zu verändern, damit wir immer mehr die Gesinnung Seines Königreiches haben:

Richtet euch nicht länger nach 'den Maßstäben' dieser Welt, sondern lernt, in einer neuen Weise zu denken, damit ihr verändert werdet und beurteilen könnt, ob etwas Gottes Wille ist – ob es gut ist, ob Gott Freude daran hat und ob es vollkommen ist. (Römer 12,2; NGÜ)

Ein verändertes Denken ermöglicht uns, den Willen Gottes zu kennen, damit wir ihn auch auf der Erde ausleben können. So haben wir die Möglichkeit, auf die Nöte der Menschen zu reagieren, ohne immer fragen zu müssen, was Gottes Plan ist.

Wenn wir Gott erleben, verändert dies die Art und Weise, wie wir die Welt und uns selbst wahrnehmen – was wir in uns und um uns herum sehen. Derselbe Geist, der Christus vom Tod auferweckt hat, lebt in uns und dieser Geist sehnt sich danach, aus uns heraus wirken zu können. Der Heilige Geist ermöglicht es uns, für andere Menschen eine wandelnde Gottesbegegnung zu werden, wohin wir auch gehen.

Als zu Pfingsten die Gläubigen mit dem Heiligen Geist gefüllt wurden, konnten sie nicht anders, als voller Kühnheit das Wort Gottes auszusprechen.

Sie hatten eine Begegnung, die ihre Denkweise veränderte und es ihnen erlaubte, selbst zu aktiven Begegnungen zu werden. Die Taufe im Heiligen Geist, welche die Gläubigen erfuhren, gab ihnen die Vollmacht, mutig Zeugnis zu geben. Die wahre Taufe im Heiligen Geist geschieht nicht nur, damit wir in Zungen reden können. Die wahre Taufe befähigt uns, Seine Zeugen zu sein. Petrus wurde bevollmächtigt, die Unsicherheiten und Ängste seiner Vergangenheit zu überwinden. Der Mann, der zuvor Jesus dreimal verleugnet hatte, war nun derjenige, der, gefüllt mit dem Heiligen Geist und mit Feuer, die jüdische Menge dazu aufrief, zur Erkenntnis des Herrn Jesus Christus zu kommen (siehe Apostelgeschichte 2,14-41).

Die Bereitschaft, für andere Menschen eine Begegnung zu sein, ändert unsere Art zu leben. Wir leben nicht länger für uns selbst, sondern für andere. Es öffnet unsere Augen für Gelegenheiten um uns herum. Während wir lernen, in Gottes Gegenwart zu leben, erkennen wir, wer wir wirklich sind. Wenn wir anfangen, uns so zu sehen, wie auch Er uns sieht, wird unser Denken verändert, damit wir in der Identität leben können, die Er uns gegeben hat.

Gedankenanstöße

Warum erreichen in Gott verliebte Menschen mehr für Sein Königreich?

....

....

....

Erinnere dich an eine Zeit, in der du Gottes Liebe sehr stark erlebt hast. Wolltest du sie für dich behalten? Was hast du gemacht?

....

....

....

So wie Jesus kam, um die Werke des Teufels zu zerstören, bist auch du gesandt, die Werke des Teufels zu vernichten. Welche Werke des Teufels umgeben dich momentan? (Anders ausgedrückt: Durch welche Art von Sünde, Krankheit oder ähnlichem, versucht er, dich oder andere davon abzuhalten, das überfließende Leben auf Erden zu erleben, wie es im Himmel ist?) Lass dir von Gott zeigen, wie du gegen diese Hindernisse vorgehen kannst.

....

....

....

Meditation

Richte dein Herz und deinen Verstand ganz neu nach der Liebe aus. Empfange Gottes Liebe und erlaube ihr, zu den Menschen, die Er in dein Leben stellt, herauszufließen.

Bete für dich und die Gläubigen in deinem Umfeld:

„... zu erkennen die die Erkenntnis übersteigende Liebe des Christus, damit ihr erfüllt werdet zur ganzen Fülle Gottes. Dem aber, der über alles hinaus zu tun vermag, über die Maßen mehr, als wir erbitten oder erdenken, gemäß der Kraft, die in uns wirkt, ihm sei die Herrlichkeit in der Gemeinde und in Christus Jesus auf alle Geschlechter hin von Ewigkeit zu Ewigkeit! Amen." (Epheser 3,19-21)

Kapitel 6

BIST DU EIN CHEVETTE ODER EIN LAMBORGHINI?

BANNING LIEBSCHER

Als ich 19 Jahre alt war, benötigte ich ein Auto. Eines Tages rief mich mein Schwiegervater in spe an und bot mir seinen 1985 Chevette an. Ich kannte mich mit Autos kein bisschen aus und dachte, jedes Fahrzeug sei besser als gar keines. Als ich jedoch zu seinem Haus ging, um den Chevette abzuholen, erwartete mich eine ziemlich große Überraschung. Stell dir einen Football Helm mit Rädern, einem Steuerrad und recht wenig Sicherheitsausstattung vor und du kommst dem nahe, wie der Chevette in etwa aussah. Er zeigte mir das zweitürige Heck mit einem rostigen himmelblauen Anstrich. Trotz meiner anfänglichen Zurückhaltung schätzte ich das Angebot und nahm es dankend an.

Auf der dreistündigen Fahrt zurück nach Redding lernte ich mein neues Auto recht schnell kennen. Nach etwa eineinhalb Stunden Fahrt gab es plötzlich einen lauten Knall. Im ersten Moment dachte ich, ein großer Felsbrocken hatte mein Auto getroffen. Doch als ich über meine rechte Schulter blickte, fand ich heraus, dass es kein Felsbrocken war. Stattdessen war eines der hinteren Seitenfenster einfach herausgesprungen. Perplex fuhr ich weiter, ohne zu wissen, was ich tun sollte. Ich hatte noch nie davon gehört, dass ein Fenster einfach aus dem Auto gesprungen war.

Dies war nur die erste der vielen Marotten, die ich noch entdecken sollte. Der „Himmel" des inneren Autodaches hing herab, also musste ich Reißzwecken gezielt einsetzen, um sie wieder zu befestigen. Die Heckklappe fiel immer zu, darum brachte ich einen passenden Besenstiel an, um sie offen zu halten. Die Beifahrertür flog ab und zu, während der Fahrt einfach auf und der Schaltknüppel sprang heraus. (Wer gerade fuhr, musste dann wieder die richtige Stelle finden und ihn hineinstecken, um den Gang wechseln zu können.)

Am entgegengesetzten Ende der Autoskala liegt ein Lamborghini. Kürzlich traf ich einen Geschäftsmann, der einen Lamborghini Countach besitzt, von denen es nur drei auf der ganzen Welt gibt und nur diesen einen in ganz Nordamerika. Dieser Lamborghini ist eine Million Dollar wert. Eine Million Dollar! Die erste Frage, die ich ihm stellte, war: „Wo parkt man ein Millionenauto? Stellst du es einfach in deine Garage neben den Rasenmäher und die Rechen?"

„Nein, nein, nein", antwortete er, „ich habe eine spezielle Blase, in der ich es parke." Anscheinend gibt es also diese Blasen zu kaufen, in denen man sein teures Auto aufbewahren kann. Man fährt in diese Blase hinein und diese verschließt sich dann, um keine Feuchtigkeit hineinzulassen. Ich hatte noch nie zuvor von einer Autoblase gehört; wahrscheinlich, weil sie mehr kostet als mein Auto.

Ich begegne viel zu vielen Christen, die der Lüge der Bedeutungslosigkeit Glauben schenken und sich selbst eher wie meinen 1985 Chevette sehen. Ihrer Auffassung nach ist ihr Leben nicht sehr viel wert und sie sehen so viele Dinge, die nicht besonders gut funktionieren. Sie leben ein bedeutungsloses Leben, weil sie glauben, dass sie klein, zerbrechlich und wertlos sind.

Doch in Wahrheit sind wir keine heruntergekommenen Chevettes. Wir sind schnittige Lamborghinis.

Die Bibel ist voll von Aussagen über die Pläne Gottes für das Leben der Gläubigen und jeder von ihnen ist fantastisch gut. Unsere Identität und unsere Bestimmung sind direkt miteinander verbunden. Wir wurden geschaffen, um für Gott große Dinge zu erreichen, und Er legt den allergrößten Wert auf unser Leben.

Gottes erstes Gebot an die Menschen war: „*... Seid fruchtbar und vermehrt euch ...*" (1.Mose 1,28). Dieses Gebot gilt auch heute noch. Jesus gab den Jüngern den Auftrag: „*Geht nun hin und macht alle Nationen zu Jüngern...*" (Matthäus 28,19). Diese große Aufgabe kann nur durch Menschen erreicht werden, die glauben, dass ihr Leben etwas wert ist und dass sie etwas haben, um zu der Welt in der sie leben etwas beizutragen.

Ein Großteil der Gemeinde Gottes ist von dem, was in der Welt geschieht so überwältigt, dass sie sich versteckt haben, weil sie hoffen, damit das Böse um sie herum irgendwie ertragen zu können. Doch Gott hat uns nicht beauftragt lediglich zu überleben; er befahl uns, Nationen zu Jüngern zu machen.

Jesaja schrieb:

> *Steh auf, werde licht! Denn dein Licht ist gekommen, und die Herrlichkeit des HERRN ist über dir aufgegangen. Denn siehe, Finsternis bedeckt die Erde und Dunkel die Völkerschaften; aber über dir strahlt der HERR auf, und seine Herrlichkeit erscheint über dir. (Jesaja 60,1-2)*

Es stimmt, dass Dunkelheit die Erde bedeckt. Doch Gott hat uns aufgefordert: „*Steh auf, werde licht!*". Er sagte nicht „Schreckt zurück und versteckt euer Licht in einer Ecke." Seine Antwort auf die Dunkelheit auf Erden sind Menschen, die erkennen, wer sie in Jesus sind und die, erfüllt von der Herrlichkeit des Herrn, in der Welt aufstehen. Die Herrlichkeit Gottes geht nicht nur über Seinen Kindern auf, sondern scheint auch durch sie hindurch zu anderen, wenn sie diese Offenbarung verstehen und in der Welt einen kühnen Stand einnehmen.

Gott möchte Seine Güte, Seine Größe und Seine Herrlichkeit durch uns zeigen. Wir sind berufen, die Herrschaft Seines Königreiches auf Erden aufzubauen – ein Licht in der Dunkelheit zu sein. Doch der Plan Gottes kann ohne unsere Mitarbeit nicht erfüllt werden und wir können erst dann mit ihm zusammenarbeiten, wenn wir die Identität und Bestimmung annehmen, die Er über uns ausgesprochen hat.

Gedankenanstöße

Hast du schon einmal das Verlangen gespürt, dich der Dunkelheit um dich herum zu entziehen, in der Hoffnung, dass du es irgendwie mit Hängen und Würgen schaffst, standhaft zu bleiben bis Jesus wiederkehrt? Vergisst du manchmal, dass du hier bist, um Gottes Königreich des Lichts zu bauen? Wie hat die Lüge der Bedeutungslosigkeit dich darin gehemmt, „aufzustehen und Licht zu werden“?

....

....

....

Wie kannst du dein geistliches Selbstbild aufwerten? Reichen Seelsorge oder positive Selbstgespräche aus? Würde es helfen, irgendein Statussymbol oder Sieg zu erlangen? Welche Schritte kannst du gehen, um mehr mit Gottes Meinung über dich übereinzustimmen?

....

....

....

Meditation

Um den Wert eines Gegenstandes bestimmen zu können, muss man herausfinden, wie viel jemand dafür zahlen würde und dann schreibst du deinem Gegenstand den Wert des höchsten Angebots zu. Wie viel bist du als Person wert? Um das herauszufinden, musst du die Kreuzigung betrachten. Das Kreuz sollte jedem von uns eine herrliche Botschaft darüber geben, wie viel wir Gott wert sind. Er schätzt uns so sehr, dass er den höchsten Preis zahlte – das Leben Seines Sohnes.

Für viele Christen geht es bei Golgatha hauptsächlich um die Vergebung unserer Sünden. Viele Menschen erlangen weder das Verständnis, noch leben sie in der vollen Offenbarung dessen, was das Ziel des Tods Jesu war. Er starb, um uns in eine Beziehung mit Ihm zurückzuführen und uns wieder die Identität zu geben, die Er von Anfang an für uns gedacht hatte.

Wenn du im Verständnis der tiefen Pläne Gottes für dich wachsen möchtest, dann suche immer wieder die Begegnung mit deinem Vater, damit du hören kannst, wie Er dir Seine Wertschätzung zuspricht. Es ist völlig in Ordnung, hierbei wie ein kleines Kind zu sein, das einen seiner Eltern um eine Umarmung bittet. Ja, es ist sogar lebensnotwendig!

Kapitel 7

Zu dumm, um geliebt zu werden

Judy Franklin

Ich wuchs mit dem Bewusstsein auf, dass mein Vater mich nicht wollte. Während andere Kinder süße kleine Kosenamen bekamen, wurde ich nur „Knallkopf“ genannt. Wenn ich beim Abendessen meine Milch verschüttete, warf man mein Essen auch auf den Küchenboden. Mir wurde gesagt, ich sei so trottelig, dass ich wie ein Hund essen müsse, weil ich sonst mit meinem Essen in die Badewanne gesetzt würde. Mein Papa mochte meinen Bruder und er zog ihn mir vor. Immer, wenn er uns irgendwohin mitnehmen musste, erlaubte er meinem Bruder, mit ihm zu kommen und befahl mir, im Auto sitzen zu bleiben. Ich weiß, dass er sich für mich schämte, doch ich verstand nicht, warum.

Als ich etwa neun Jahre alt war, schrieb ich der Lieben Abby[1] und fragte sie, warum mein Papa mich nicht lieb hatte, obwohl ich mich so bemühte, das Richtige zu tun. Der Brief wurde nie verschickt, doch meine Mutter fand

1 „Dear Abby“: Amerikanische Ratgeber Kolumne, gegründet 1956 von Pauline Esther Phillips (Anm. d. Red.)

ihn und gab ihn meinem Vater. Ich erinnere mich noch, wie ich dort am Ende meines Bettes, direkt neben der Tür, saß und ihm genau zuhörte, weil ich hoffte, ihn sagen zu hören, dass er mich trotz allem lieb hatte. Stattdessen brüllte er, dass er mich vielleicht lieben könnte, wenn ich nicht so dumm wäre. Das war also das Problem. Ich war dumm, und dumme Menschen können nicht geliebt werden.

In der ersten Klasse stellte sich dann heraus, dass ich wirklich nicht so schlau war, wie andere Kinder. Doch erst in der achten Klasse wurde ein Test mit mir durchgeführt und man fand heraus, dass ich eine Lernschwäche hatte.

Ich wurde dann in die Klasse der „geistig Zurückgebliebenen" gesteckt, wie man sie damals nannte. Ja, ich war dumm und darum schämte sich mein Papa für mich.

Leider fühlte ich mich von meiner Mutter auch nie wirklich geliebt. Meine Mutter war eine gebrochene Frau und nicht in der Lage, mich vor den Gemeinheiten meines Vaters zu schützen. Als ich drei oder vier Jahre alt war, passierte Folgendes: Meine Mutter war dabei, das Wohnzimmer zu streichen und ließ versehentlich eine Tasse voll Terpentin auf dem Küchentisch stehen. Ich erwachte von meinem Nachmittagsschlaf und ging in die Küche. In der Annahme, die Tasse sei mit Wasser gefüllt, trank ich sie aus. Ich wurde sofort ins Krankenhaus gefahren, wo man meinen Magen auspumpte. Als ich wieder zu Hause war, fingen meine Nieren an zu versagen. Viel später erst fand ich heraus, dass meine Mutter einen Arzt rief und ihn anflehte, zu uns nach Hause zu kommen. Wir hatten nicht besonders viel Geld, also versprach sie ihm, dass sie für den Rest ihres Lebens jeden Monat ein 10-Cent-Stück zahlen würde, was in den frühen 1950er Jahren nicht einfach war. Er hatte Mitleid und so kam er und rettete mein Leben. Als ich vierzehn wurde, war meine Mutter komplett alkoholabhängig.

Sie konnte weder körperlich, mental, noch emotional für irgendjemanden sorgen.

Ich wuchs also auf mit dem Gefühl, ungeliebt, dumm und wertlos zu sein. Natürlich stellt jeder von uns mal eine Dummheit an, doch bei mir war das anders. Immer, wenn ich etwas Dummes tat, war das eine Erinnerung daran, dass ich nicht liebenswert war. Selbst als ich verheiratet war und Kinder hatte, glaubte ich nie, dass mein Mann mich wirklich liebte. Wie konnte er mich auch lieben? Ich tat immer noch dumme Sachen. Oh ich liebte meine Kinder sehr, doch tief im Herzen war ich mir sicher, dass sie, wenn sie älter wurden, bemerken würden, dass ich dumm war und sie mich dann nicht mehr lieben würden.

Meine Dummheit war mir peinlich und ich schämte mich dafür, also wurde ich immer stiller und zog mich zurück. Ich hatte Angst, dass wenn ich mit Leuten redete, sie schnell meine Dummheit erkennen würden. Ich lebte mit der Furcht, ertappt zu werden. Still und voller Verletzungen lernte ich, mich zu verstecken. Niemand um mich herum wusste, was ich dachte oder fühlte. Das ist die Art, wie der Feind arbeitet. Er nutzt Scham und Furcht, um uns ruhig zu und einsam zu halten.

Doch dann hatte ich eines Tages eine lebensverändernde, übernatürliche Begegnung mit Gott. Ich fühlte, sah und atmete Gottes Liebe in mich ein und es veränderte buchstäblich mein Leben. Ich war erstaunt, dass mich jemand liebte. Ich verliebte mich völlig in Ihn. In diesem Moment fand ich einen Vater, Bruder, Lehrer, Begleiter und Freund.

Er war nicht länger jemand, von dem ich las, sondern jemand, den ich kannte. Er liebte mich mit einer unfassbaren Liebe, die ich tatsächlich erleben konnte. Nun wusste ich, dass:

... weder Tod noch Leben, weder Engel noch Gewalten, weder Gegenwärtiges noch Zukünftiges, noch Mächte, weder Höhe noch Tiefe, noch irgendein anderes Geschöpf uns wird scheiden können von der Liebe Gottes, die in Christus Jesus ist, unserem Herrn. (Römer 8,38-39)

Ich kann nicht behaupten, dass ich damals sofort all meine Gefühle der Ablehnung überwunden hatte. Doch es war der Anfang meines Heilungsprozesses. Ich möchte aber auch nicht behaupten, dass dies nicht in nur einem einzigen Augenblick geschehen kann – denn das kann es – doch bei mir war es ein Weg dorthin. David schrieb: „*Selbst wenn Vater und Mutter mich verließen, der Herr nimmt mich dennoch auf.*" (Psalm 27,10).

Als ich anfing zu verstehen, dass auch meine Eltern in einem gestörten Zuhause aufgewachsen und selbst Ablehnung erfahren hatten, fiel es mir viel leichter, ihnen zu vergeben. Vergebung ist nämlich der Schlüssel. Mir selbst wurde so viel vergeben, sodass ich in der Lage war, auch meinen Eltern für ihre scheinbare Ablehnung mir gegenüber zu vergeben. Nun weiß ich, dass ich einen Vater im Himmel habe, der mich unglaublich liebt und mich niemals ablehnen wird.

Gedankenanstöße

Lies einmal den ganzen Psalm 27. Welche Aussage oder welcher Gedanke spricht dich persönlich am stärksten an?

....

....

....

Kannst du erklären (wenn auch nur teilweise), wie die Liebe Gottes dein eigenes emotionales und geistliches Wohlbefinden verändert hat (ganz zu schweigen von deiner mentalen und körperlichen Gesundheit)? Siehst du einen Unterschied zwischen „vorher und nachher"? Inwiefern befindest du dich noch in einem Entwicklungsprozess?

....

....

....

Was sagt dir folgende Bibelstelle: „*… die Liebe Gottes ist ausgegossen in unsere Herzen durch den Heiligen Geist, der uns gegeben worden ist.*" (Römer 5,5)?

....

....

....

Meditation

Johannes hat es mehrfach so ausgedrückt: „*Gott ist Liebe*“ (1. Johannes 4,8;16). Seine Liebe veranlasst Ihn, um unseretwillen die Initiative zu ergreifen. Er streckt sich nach denen aus, die Er geschaffen hat, denn Er möchte jeden Menschen in den Geschmack Seiner Liebe kommen lassen. Er ermutigt auch diejenigen, die schon von Seiner Liebe kosten durften, anderen dabei zu helfen, sie auch zu finden. Ganz gleich, ob die erste „Kostprobe“ als ein tiefer Friede oder ein großes Wunder geschieht, sie ist immer unverkennbar und lebensverändernd.

Die wichtigste Initiative Seiner Liebe, die Gott je unternommen hat, war, dass Er uns Seinen Sohn sandte, damit wir trotz unserer vielen Fehler vollen Zugang zum Himmel haben können.

> *Hierin ist die Liebe Gottes zu uns offenbart worden, dass Gott seinen eingeborenen Sohn in die Welt gesandt hat, damit wir durch ihn leben möchten. (1. Johannes 4,9)*

Finde eine neue Art, gerade jetzt deine Wertschätzung Ihm gegenüber auszudrücken.

Kapitel 8

Training im Heiligen Geist

Chad Dedmon

Ich liebe es, Geschichten über Durchbrüche und Heilungen zu hören. Ich schätze diese Zeugnisse sehr, weil sie in anderen Menschen einen kraftvollen Impuls auslösen und Glauben aufbauen können, dass Gott das Gleiche noch einmal tun wird. Es ist jedoch leicht in eine Kultur der Leistung zu geraten, wenn die Aufmerksamkeit und das Lob nur den Personen gehören, die gerade die besten Ergebnisse liefern.

Was ist mit den Leuten, deren eingegangenes Risiko sich nicht bezahlt macht? Unsere amerikanische Kultur lehrt uns, dass wir versagt haben, wenn wir Risiko eingehen und es nicht die erwünschten Ergebnisse bringt. Doch ich denke, dass Gott Risiken aus einer völlig anderen Perspektive betrachtet.

Papa Gott applaudiert uns, wenn wir neue Dinge ausprobieren und mutige Schritte wagen, so wie auch im Natürlichen ein liebender Vater vor Stolz fast platzt, wenn sein kleines Baby seinen allerersten Schritt macht – und dann hinfällt. Wir als Gemeinde Gottes müssen anfangen, die Menschen anzuerkennen und zu ermutigen, die ihre allerersten Schritte tun, auch wenn sie noch keine Wunder sehen. Es ist unerlässlich innerhalb der Gemeinde eine Kultur zu schaffen, in der Leute, die Risiken eingehen, nicht einfach nur toleriert werden. Stattdessen müssen wir den gesamten Leib Christi ermutigen, Risiken einzugehen, um das Königreich Gottes voranzubringen.

Es wird für die Leute, die ein Risiko eingehen, sicherlich immer eine unbequeme Art von Spannung geben, wenn sie nicht sofort Ergebnisse sehen. Doch wenn wir weiterhin Glaubensschritte wagen und dabei mit dem Heiligen Geist zusammenarbeiten, *werden* wir einen Durchbruch sehen.

Folgendes Beispiel verdeutlicht, was ich meine. Kurz nach einer Veranstaltung, die mit Zeugnissen über die Kraft Gottes gefüllt war, hielten wir am Dana Point in Kalifornien eine Taufe am Strand ab. Einige Schüler der Mittelstufe wurden getauft und entschlossen sich, dafür zu beten, dass sie auf dem Wasser laufen können. Sie liefen zum Ufer, nahmen sich gegenseitig an den Händen und liefen zusammen in das Wasser hinaus.

Nach einigen Schritten standen sie alle Brusttief im Wasser, weil sie sich auf dem Meeresboden befanden. Einer der Jugendlichen lief jedoch noch auf dem Wasser! Er nahm etwa fünf Schritte auf dem Wasser und fiel mit dem sechsten dann hinein. Dieser junge Erweckungsträger hatte in der Woche zuvor darum gerungen, auf dem Wasser zu gehen. Er wusste, dass es zu seiner Verfügung stand, und versuchte es immer wieder, bis er einen Durchbruch hatte. Er wusste, dass man es einfach noch einmal versuchen muss, wenn etwas nach dem ersten Versuch noch nicht sofort funktioniert.

John Wimber, einer der Gründer der Vineyard Gemeinden, betete für hunderte von Menschen, bevor er eine Heilung sah. Er und dieser jugendliche Schüler haben ihren Erfolg nicht an den Umständen gemessen. Stattdessen waren sie bereit, Risiken einzugehen, obwohl sich noch nicht gleich ein greifbares Ergebnis zeigte.

Wir alle haben Situationen in unserem alltäglichen Leben, in denen wir um ein Wunder kämpfen. Wenn wir Risiken eingehen und nicht sofort Resultate sehen, dürfen wir weder die Hoffnung aufgeben, noch es zulassen, dass uns Gedanken des Versagens oder der Unzulänglichkeit angreifen. Gott sieht es schon als Erfolg an, wenn wir überhaupt ein Risiko eingehen. Unsere Hartnäckigkeit im Glauben wird es möglich machen, dass unsere Umstände mit dem Wort Gottes in Übereinstimmung kommen.

Bei diesem Prinzip geht es außerdem darum, die Geistesgaben gut zu verwalten. Viele Menschen bitten speziell mich, für sie zu beten und ihnen meine Heilungsgabe weiterzugeben. Ich antworte auf diese Bitte manchmal, in dem ich ihnen erkläre: „Ich kann zwar für dich beten, doch diese Vermittlung der Gabe wird in deinem Leben nur aktiv, wenn du mutige Schritte gehst und anfängst, für andere zu beten." Diese Hineinlegung der Gabe kann ewig vor sich hinschlummern, wenn wir sie nicht aktiv anwenden.

Die Geistesgaben zu verwalten, ist wie im Fitnessstudio zu trainieren. Als ich im ersten Jahr meiner High School war, fand ich heraus, wie das funktionierte. Bis zu diesem Zeitpunkt hatte ich noch nie Gewichte gehoben.

An meinem allerersten Trainingstag war ich so entschlossen, Muskeln aufzubauen, dass ich dreieinhalb Stunden lang jeden einzelnen Muskel meines Körpers trainierte. Als ich das erste Mal Bankdrücken machte, konnte ich nicht sehr viel Gewicht heben und ich fühlte mich vor all meinen

Klassenkameraden wie ein Weichei.

An diesem Abend tat ich vor dem Schlafengehen drei Löffel Proteinpulver in mein Milchglas und dachte: *Es kann sich nur um ein paar Tage handeln, bis ich aussehe, wie der Typ auf der Proteinpulverdose.* Ich erwachte mitten in der Nacht mit entsetzlichen Schmerzen in den Wadenmuskeln. Ich versuchte mich aufzurichten, doch mein Körper ließ es nicht zu. Also bemühte ich mich, während ich dort lag, möglichst wenige Muskeln zu bewegen, da die Schmerzen sonst noch schlimmer wurden.

Mein Körper schien mir sagen zu wollen: „Chad, du solltest nie wieder trainieren gehen. Du bist dafür einfach nicht geschaffen." Ich war jedoch fest entschlossen, stärker zu werden und so entschied ich mich am nächsten Morgen, trotz aller Schmerzen weiter zu trainieren. Nach einigen Monaten konnte ich doppelt so viel Gewicht drücken wie zu Beginn und ich bekam keinen Muskelkater mehr.

Das gleiche Prinzip gilt auch in der geistlichen Welt. Je mehr wir die Gaben des Geistes üben, desto mehr Durchbruch werden wir sehen. Viele von uns haben den Versuch unternommen, in Heilung, Prophetie oder anderen Gaben zu wirken und wurden bald entmutigt, weil wir nach dem ersten Versuch noch keine Ergebnisse gesehen haben. Doch wir sind alle nach Gottes Bild und Wesen geschaffen und haben darum die Fähigkeit, Seine vielfältigen Gaben und Seine Herrlichkeit widerzuspiegeln.

Hör nicht auf, im Heiligen Geist zu trainieren; du wirst es nicht bereuen.

Gedankenanstöße

Bill Johnson sagt oft: „Nicht unsere Umstände sind die Grundlage, auf der wir unsere Theologie aufbauen sollen, sondern das Wort Gottes." Was meint er damit?

....

....

....

Neigst du dazu, zu früh aufzugeben, wenn du um einen Durchbruch kämpfst? Was war deine jüngste Erfahrung damit? Ist es zu spät, es noch einmal zu versuchen?

....

....

....

Analysiere einmal einen bedeutenden Durchbruch in deinem Leben. Vielleicht kannst du die Geschichte deiner Glaubensbemühungen, die zu dem Durchbruch führten, zurückverfolgen. Welche Rolle haben der Glaube und die Ermutigung Anderer gespielt? Hattest du Zeiten, in denen du entmutigt warst? Wie bist du drangeblieben?

....

....

....

Meditation

Gott möchte, dass du Ihm nachjagst und die Ziele erreichst, die Er dir setzt. Aber er möchte nicht, dass du von dem, was du erreichen möchtest, völlig vereinnahmt wirst. Dein letztendliches Ziel ist es, in Ihm zu bleiben und dem Weinstock näher zu kommen (siehe Johannes 15,1-4).

Bitte Ihn dir zu zeigen, was das heute, in genau diesem Moment, für dich bedeutet. Möchte Er, dass du etwas Neues ausprobierst? Oder an etwas dranbleibst, in dem zu noch keinen Erfolg gesehen hast? Oder, dass du mit Seiner Hilfe über deine „Erfolgsgeschichte" nachdenkst? Oder dass du dich einfach entspannst und wartest (was auch schwieriger sein kann, als in Aktion zu treten)? Hör nicht auf, Ihn zu fragen, bis du es weißt.

Kapitel 9

ZERBROCHENE HERZEN HEILEN

BENI JOHNSON

Man muss nicht lange suchen, um Menschen zu finden, die Gottes Kraft brauchen, damit sie schlicht den nächsten Tag überstehen. Sie haben ein zerbrochenes Herz und suchen nach irgendetwas, das ihnen helfen könnte. Wusstest du, dass Jesus uns die Aufgabe anvertraut hat, in Seiner Autorität den Menschen in Not zu dienen und sie in eine Begegnung mit dem Heiligsten zu führen, damit sie erkennen, wie sehr Gott sie liebt?

Ich habe mich einmal mit Jesaja 61,1-9 genauer beschäftigt und einige interessante Dinge herausgefunden. Eine Weile lang arbeitete ich mit einem unserer Pastoren zusammen, der Menschen mit einer zerbrochenen Vergangenheit half. Manche dieser Menschen waren als Kind so stark verletzt worden, dass sie ihre Persönlichkeit gespalten haben, um sich vor Missbrauch zu schützen. Ihr Verstand wurde wortwörtlich zerstreut. Wir dienten ihnen durch Gebet und Seelsorge und boten ihnen eine sichere Umgebung, damit sie wieder eine vollständige Persönlichkeit entwickeln konnten.

Eines Tages während dieser Seelsorgezeit, las ich diesen Abschnitt in Jesaja. Es ist ein prophetisches Wort, das auf Jesus hindeutet. Ich fing an, die Bedeutung einiger Worte nachzuschlagen. Im Vers 1 heißt es: „*... er hat mich gesandt, um die zu heilen, die gebrochenen Herzens sind*“ (Züricher Bibel). Das Wort *heilen* bedeutet hier „verbinden“. Ich fand auch heraus, dass der Ausdruck *gebrochenen Herzens* auch „Zerrissenheit“ heißt.[2] Dieser prophetische Vers in Jesaja sagt also voraus, dass Jesus viele Jahre später unter anderem mit diesem Auftrag zur Erde kommen würde:

Um die zu verbinden, die eine zerrissene Persönlichkeit haben, wie man auch eine Wunde verbindet, um Heilung zu bewirken.

Wir sehen in diesem Abschnitt auch, dass die Trauernden aufgerichtet und getröstet werden sollen und dass ihnen Schönheit statt Asche, Freude statt Trauer und ein Gewand des Lobpreises statt ihrer Schwere gegeben werden wird (siehe Jesaja 61,1-3). In Vers 3 sehen wir eine Veränderung. Gott gibt diesen Menschen Identität. Die Menschen in Zerbrochenheit werden nun zu Bäumen der Gerechtigkeit, die Gott Selbst zu Seiner Herrlichkeit pflanzen wird: „*... dass sie genannt werden »Bäume der Gerechtigkeit«, eine »Pflanzung des HERRN« zu seinem Ruhm.*“ (Schlachter Bibel)

In den Versen 4-7 können wir sehen, dass Gott denen, die eine neue Identität erhalten haben, auch eine Bestimmung zuspricht:

---

2 Brown, Driver, Briggs, and Gesenius, "The Old Testament Hebrew Lexicon," s.v. "Shabar"; http//www.searchgodsword.org/lex/heb/view.cgi?number=7665; accessed November 10, 2011; s.v. "Leb"; http://www.searchgodsword.org/lex/heb/view.cgi?number=01079; accessed November 30,2011.

Sie werden die uralten Trümmerstätten aufbauen, das früher Verödete wieder aufrichten. Und sie werden die verwüsteten Städte erneuern, was verödet lag von Generation zu Generation. Dann werden Fremde dastehen und eure Schafherden weiden, und Ausländer werden eure Bauern und eure Weingärtner sein. Ihr aber, ihr werdet Priester des HERRN genannt werden; Diener unseres Gottes wird man zu euch sagen. Ihr werdet den Reichtum der Nationen genießen und mit ihrer Herrlichkeit euch brüsten. Weil ihre Schande doppelt war und sie Schmach besaßen als ihr Erbteil, darum werden sie in ihrem Land das Doppelte besitzen; ewige Freude wird ihnen zuteil. (Jesaja 61,4-7)

Wir sehen nun, dass Gott heilte und Wiederherstellung brachte, doch Er hat sie nicht nur wiederhergestellt, sondern auch befähigt, die Personen zu werden, die Er ursprünglich geschaffen hat und das zu tun, wozu sie von Anfang an bestimmt waren. Es ist offensichtlich, was dieser Abschnitt uns sagen will: Menschen, die in Zerrissenheit waren, können und werden in eine große Bestimmung hineintreten. Sie werden die Dinge und Bereiche einnehmen, die zerstört wurden und viele Generationen lang verwüstet lagen, und werden sie wiederherstellen. Und nicht nur dies, sondern sie werden auch anhaltende Freude haben; Freude, die für immer bleibt!

Es ist wie eine große Portion Autorität, die ihnen gegeben wird. Der Teufel versucht uns zu zerstören und uns in Zerrissenheit zu halten, doch Jesus kommt zu uns und sagt: „Hier, nimm mich. Lass mich dir zeigen, wer du wirklich bist. Lass mich dir zeigen, wie deine Zukunft aussieht."

Ich glaube, dass wenn Gott dich von einem Leiden an Körper, Seele oder Geist befreit, du die Autorität bekommst, andere in Heilung auf diesem Gebiet zu führen, auf dem auch du geheilt wurdest. Vor vielen Jahren wurde ich von

Depressionen geplagt. Ich rede von der schrecklichen Art von Depression, die dich innerlich auffrisst; einer Verzweiflung, die dich tief in der Seele angreift. Zum Ende meiner Teenagerzeit befreite Gott mich in nur einem einzigen Augenblick von allen Depressionen. Ich lief gerade aus einer Toilette hinaus, während ich innerlich zu Gott schrie: „Gott, wenn du mich nicht hiervon befreist, kann ich für nichts mehr garantieren.“ Es war ein sehr verzweifelter Hilferuf. In dem Moment, als ich diese Toilette verließ, war ich geheilt. Die Depression verließ mich und ist all die Jahre nicht wiedergekehrt. Das ist mal eine Art frei zu werden! Ich wünschte, es könnte für uns alle immer so schnell funktionieren.

Als ich älter wurde und in Christus mehr Reife bekam, merkte ich, dass mir eine Autorität gegeben worden war, um anderen zu helfen, auch frei zu werden. Wenn du siehst, wie missbrauchte, zerrissene und zerbrochene Menschen freigesetzt werden, ist dies eine wunderbare Gnade und wunderschön mitanzusehen. Dann tritt diese freigesetzte Person in seine bzw. ihre Salbung und Berufung und du kannst mit ansehen, wie er oder sie selbst wieder eine andere zerbrochene Person voller Erbarmen an der Hand nimmt und in die Freiheit führt. Das ist der Weg der Liebe und das ist der Weg unseres Vaters.

Ich habe schon oft gesehen, wie Leute in die Freiheit geführt wurden und – das Beste von allem – wie sie sich in den dreieinigen Gott verliebt haben, einfach nur, weil sie eine göttliche Begegnung hatten. Ich glaube, dass Gott es liebt, uns Sein Reich zu zeigen und Er sich danach sehnt, dass wir sehen und fühlen, wie es ist, mit Ihm Gemeinschaft zu haben. Warum fangen wir nicht an, Sein himmlisches Reich zu erleben, während wir auf Sein Wiederkommen oder unsere eigene Heimkehr warten?

Gedankenanstöße

Lies dir Jesaja 61,1-9 einmal komplett durch. Welcher Vers oder welche Verse springen dich besonders an? Warum, denkst du, hat sie der Heilige Geist heute für dich hervorgehoben?

....

....

....

Wo hat Gott dich schon körperlich, emotional, geistig oder geistlich freigesetzt? In welchen Bereichen wünschst du dir noch mehr Freiheit?

....

....

....

Natürlich ist Freiheit eine gute Sache, doch welchen Zweck hat unsere Freiheit? Denke einmal darüber nach, inwiefern Gottes Handeln dir geholfen hat, deine Berufung zu erfüllen?

....

....

....

Meditation

Gottes Wunsch und Plan ist es, uns zu begegnen, zu heilen und zu lieben. Er wird alles tun, was Er nur kann, um diese Begegnung stattfinden zu lassen. Er sehnt sich mehr nach uns, als wir uns nach Ihm.

Öffne Ihm die Tore deines Herzen wieder neu und sag Ihm, wie sehr du ihn brauchst. Bitte ihn, dir andere Menschen zu zeigen, die du in die gleiche Freiheit führen kannst, in die Er dich gebracht hat.

Kapitel 10

Engel

Bill Johnson

Als Gott sich entschied, den Messias durch die Jungfrau Maria auf die Welt zu bringen, sandte Er den Engel Gabriel, um die Nachricht zu überbringen. Als der Apostel Paulus kurz vor einem Schiffbruch stand, ließ ihn ein Engel des Herrn wissen, was geschehen würde. Bei vielen weiteren Ereignissen in der Bibel führten Engel das aus, was Gott sehr einfach Selbst hätte tun können. Warum tat Gott diese Dinge nicht Selbst? Aus dem Gleichen Grund, aus dem Er nicht das Evangelium predigt: Er hat sich dazu entschlossen, es so einzurichten, dass Seine Schöpfungen das Privileg genießen dürfen, in Seinem Königreich zu dienen.

Gott schuf die Menschheit und er schuf engelhafte Wesen. Engel sind sehr eindrucksvoll. Sie sind herrlich und mächtig – und zwar so sehr, dass wenn sie in der Bibel auftauchen, Menschen oft niederfielen und sie anbeteten. Es ist zwar eine Dummheit, unsere Mitgeschöpfe anzubeten, aber es ist genauso dumm, sie zu ignorieren. Engel haben den Auftrag, dort zu dienen, wo auch wir dienen, *wenn die übernatürliche Komponente vonnöten ist.* Wir lesen in Hebräer 1,14, dass Engel geistliche Wesen sind, die gesandt sind, um denen zu dienen, die das Königreich erben werden – damit sind du und ich gemeint.

Ich glaube, dass Engel sich oft langweilen, weil wir einen Lebensstil leben, der nicht viel Hilfe von ihnen erfordert. Ihr Auftrag ist es, uns in übernatürlichen Unternehmungen zur Seite zu stehen.

Wenn wir nicht die Risiken eingehen, welche übernatürliche Unterfangen erfordern, bleibt nicht viel Raum für das Übernatürliche. Glaubenserfülltes Eingehen von Risiken setzt Lösungen in unmöglichen Situationen frei. John Wimber sagte einmal: „Glaube buchstabiert sich R-I-S-I-K-O."

Wenn die Gemeinde Gottes wieder anfängt, einen Geschmack für das Unmögliche zu bekommen, werden Engel wieder mehr unter uns Menschen wirken. Wenn das Feuer der Erweckung stärker wird, steigert dies auch die übernatürlichen Aktivitäten um uns herum. Engel sind dazu bestimmt, uns in übernatürlichen Unterfangen zu helfen, doch dazu muss ihre Hilfe erst einmal gebraucht werden. Ich fordere dich heraus, Gott leidenschaftlich nachzujagen und während du dies tust auf einen übernatürlichen Lebensstil zu bestehen – einen, der die Wesen des Himmels damit beschäftigt hält, den König und Sein Königreich herbeizuführen.

Gott hat uns also Engel zur Seite gestellt, die uns bei unserem Auftrag helfen. Ich vertrete jedoch nicht die Ansicht, dass wir ihnen Befehle erteilen sollten. Manche Menschen fühlen die Freiheit dies zu tun, doch ich bin der Meinung, dass man sich hierbei auf gefährliches Terrain begibt. Biblisch betrachtet haben wir allen Grund anzunehmen, dass Gott Selbst die Engel als Antwort auf unser Gebet hin aussendet.

Daniel brauchte eine Antwort von Gott. Er betete 21 Tage lang. Schließlich tauchte ein Engel auf und gab ihm folgende Antwort:

> *Fürchte dich nicht, Daniel! Denn vom ersten Tag an, als du dein Herz darauf gerichtet hast, Verständnis zu erlangen und dich vor deinem Gott zu demütigen, sind deine Worte erhört worden. Und um deiner Worte willen bin ich gekommen. Aber der Fürst des Königreichs Persien stand mir 21 Tage entgegen. Und siehe, Michael, einer der ersten Fürsten, kam, um mir zu helfen, und ich wurde dort entbehrlich bei den Königen von Persien. (Daniel 10,12-13)*

Auf Daniels Gebet hin reagierte Gott, indem Er einen Engel mit der Antwort sandte. Auf dem Weg begegnete dem Engel Widerstand. Daniel hörte nicht auf zu beten, was es dem Erzengel Michael wahrscheinlich erleichterte, zu kämpfen und den ersten Engel freizusetzen, der schließlich die Botschaft überbringen sollte. Dies ist nur eine Situation von vielen, die in der Bibel beschrieben sind, in welcher Gott den Engeln befiehlt, auf das Gebet der Heiligen hin einzuschreiten.

Engel reagieren auf den Befehl Gottes und sie setzen Sein Wort in die Tat um. Doch die Stimme Seines Wortes wird auch vernommen, wenn der Vater zu den Herzen Seines Volkes spricht. Engel warten darauf, dass das Volk Gottes Sein Wort ausspricht. Ich bin davon überzeugt, dass Engel durch das von Menschen gesprochene Wort den Duft des Thronsaales erspüren können. Sie wissen, wann ein Wort seinen Ursprung im Herzen des Vaters hat. Und dieses Wort erkennen sie wiederum als ihren Auftrag.

Ich habe dies einmal bei einer Versammlung in Deutschland erlebt. Vor der Versammlung betete ich mit einigen der verantwortlichen Leitern. Als wir beteten, sah ich vor meinen inneren Augen in einem kurzen Bild rechts von mir eine Frau mit einer arthritischen Wirbelsäule. Es war eine bildhafte Version der „leisen Stimme“ – was man genauso leicht übersehen kann. In diesem Bild ließ ich sie aufstehen und rief über ihr aus: „Der Herr Jesus heilt dich!“

Als die erste Versammlung begann, fragte ich, ob es jemanden gab, der unter Arthritis in der Wirbelsäule litt. Eine Frau rechts von mir winkte. Ich ließ sie also aufstehen und rief über ihr aus: „Der Herr Jesus heilt dich!“ Dann fragte ich sie, ob sie noch Schmerzen hatte. Unter Tränen erklärte sie: „Es ist unmöglich, aber die Schmerzen sind weg!“

Ich glaube, dass Engel ein Wort ausführten, das seinen Ursprung im Herzen des Vaters hatte. In diesem Moment war ich die Stimme Seines Wortes.

Gedankenanstöße

Manchmal ist es gut, sich daran zu erinnern, dass Engel hinter den Kulissen mitarbeiten. Wenn du dich an eine Situation erinnerst, in der Gottes Kraft in dein Leben oder das Leben einer anderen Person hereingebrochen ist, wie könnten deiner Meinung nach Engel beteiligt gewesen sein? Wie hast du oder die andere Person vielleicht zum Ergebnis beigetragen? Was vermutest du, wie in dieser Situation die „Zusammenarbeit" funktionieren konnte?

....

....

....

Hast du jemals Engel wahrgenommen? Falls ja, wie hast du gemerkt, dass Engel anwesend waren? Kann man immer die Anwesenheit von Engeln und Gottes Gegenwart unterscheiden?

....

....

....

Wie kannst du deinen Teil dazu beitragen, dass die Engel, die dir dabei helfen sollen, Gott zu dienen, sich nicht „langweilen"?

....

....

....

Meditation

Engel sind stärker, schöner und mächtiger als Menschen. Gott erschuf sie vor den Menschen. Engel sind unsterblich (siehe Matthäus 22,30). Weil sie geistliche Wesen sind, sind Engel nicht durch sterbliche Körper begrenzt wie wir und sie sind auch durch Raum und Zeit nicht eingeschränkt.

Sie sind weder allwissend, noch allmächtig oder allgegenwärtig wie Gott, doch sie wissen viel mehr als wir und tragen mehr von Gottes Kraft als wir. Vieles von dem, was wir von Gottes herrlicher und kraftvoller Gegenwart erleben, wird uns sogar durch Engel offenbart.

Es wäre ein Fehler, die Engel anzubeten, doch du solltest dir regelmäßig ins Bewusstsein rufen, dass sie anwesend sind. Sie arbeiten mit dir und der Gemeinde Gottes weltweit zusammen, indem sie die Herrschaft Gottes auf diesen Planeten bringen. Suche einige Bibelstellen heraus, die sich auf Engel beziehen und bitte Gott, dir ihre Verfügbarkeit und Bedeutung im Bewusstsein zu halten.

Kapitel 11

JESU FREUDE WIDERSPIEGELN

Paul Manwaring

Wir versuchen immer noch, mit unserem Gehirn den Gedanken zu fassen, dass unsere Errettung nicht nur zur Vergebung unserer Sünden gut war. Es ist schwierig sich vorzustellen, dass es Gott so viel Freude bereiten würde, uns in Seine Familie aufzunehmen und uns Ihm näher zu bringen, dass er gerne die Qualen des Kreuzes ertrug. Doch es ist Sein innerstes Wesen, als Vater an Seinen Kindern Gefallen zu haben und Er hat Seine Kinder geschaffen, damit auch sie sich an Ihm freuen können. Er hat uns als Seine Kinder zu Seiner Herrlichkeit geschaffen und deshalb sind wir geschaffen, um Freude zu haben. Der Westminster-Katechismus drückt dies so großartig aus: „Das größte Ziel des Menschen ist es, Gott zu verherrlichen und sich für immer an Ihm zu freuen."

Dies erinnert mich an eine Stimmgabel, die zu schwingen anfängt, sobald ihr Ton erklingt. Wenn wir auf Gott schauen und Ihm nahe sind, werden wir mit dem gleichen Klang erklingen, wie Gott. Wir freuen uns an Seiner Gegenwart, denn dort, wo er ist, „*gibt es Freude in Fülle*" (Psalm 16,11; NGÜ). Unser ganzes Sein ist voll Freude, denn unsere Intimität und Gemeinschaft mit Ihm als Vater mit Seinen Kindern kommt in geteilter Freude zum Ausdruck.

In seinem Buch *Orthodoxy* sagt Chesterton: „Der Mensch ist am meisten er selbst und am menschlichsten, wenn Freude seine tiefe Grundlage ist und Trauer das Oberflächliche."[3] Und C.S. Lewis sagte: „Freude ist eine ernste Angelegenheit des Himmels."[4]

Mit keinem geringeren Ziel, als uns Freude zu bringen, nahm Gott uns wieder als Söhne und Töchter auf und brachte uns Ihm nahe. Ich möchte nahelegen, dass das Maß an Freude, die eine Person, Familie, Stadt, Nation und die Welt besitzt, direkt damit zusammenhängt, wie weit man in die Erkenntnis und Realität der Herrlichkeit Gottes eingetreten ist. Wenn in Seiner Gegenwart Freude die Fülle ist, dann zeigt unser Maß an Freude doch, inwieweit wir gelernt haben, in Seiner Gegenwart zu leben.

Jesus hatte in den letzten Worten an Seine Jünger, bevor er ans Kreuz ging, viel über Freude zu sagen. Er wies sie an, in Seiner Liebe und in Seinem Auftrag zu bleiben und erklärte:

> *„Dies habe ich zu euch geredet, damit meine Freude in euch sei und eure Freude völlig werde." (Johannes 15,11).*
>
> *Er versprach ihnen: „Auch ihr seid jetzt traurig; doch ich werde wieder zu euch kommen. Dann wird euer Herz voll Freude sein, und diese Freude kann euch niemand mehr nehmen." (Johannes 16,22; NGÜ).*

---

3 - G.K. Chesterton, *Orthodoxy* (New York: John Lane Company, 1908), 296.

4 - C.S. Lewis, *Letters to Malcolm* (New York: Harcourt, Inc., 1964), 93.

Doch dann gab er uns den großen, himmlischen Blankoscheck:

> *An jenem Tag werdet ihr mich nichts mehr zu fragen brauchen. Ich versichere euch: Wenn ihr dann den Vater in meinem Namen um etwas bittet, wird er es euch geben. Bisher habt ihr nichts in meinem Namen erbeten. Bittet, und ihr werdet empfangen; dann wird eure Freude vollkommen sein. (Johannes 16,23-24; NGÜ)*

Den Vater im Namen Christi um Dinge bitten, ist wohl das Musterbeispiel dessen, was es heißt, in unserer Kindschaft zu leben. Wahre Söhne und Töchter bitten ihren Vater um Dinge und erhalten sie. Wenn wir also die Frucht ansehen, die daraus entsteht, können wir immer herausfinden, ob unser Bitten und Empfangen aufrichtig ist. Wenn wir wirklich anfangen, den Vater zu bitten und von Ihm zu empfangen, wird vollkommene Freude die unverkennbare Folge sein.

Nachdem Er seine Jünger das Bitten lehrte, zeigte Jesus ihnen in Seinem hohepriesterlichen Gebet, wo sie anfangen sollten, zu bitten (siehe Johannes 17). Manche von uns machen sich Gedanken darum, ob wir wirklich wissen, wie wir den Vater in Jesu Namen um Dinge bitten können und ob wir nach Seinem Willen beten. Doch wir können gar nicht falsch liegen, wenn wir um die gleichen Dinge bitten, um die auch Jesus bat. Das gilt besonders für das, was Ihm am stärksten auf dem Herzen lag, als Er Sein Leben für uns niederlegte.

Seine größte Bitte und Sein innigster Wunsch waren, dass wir durch Seine Herrlichkeit in vollkommener Einheit mit Ihm und miteinander leben (siehe Johannes 17,23). Dieses Gebet muss die Grundlage unseres Lebens sein, denn all unser Bitten und unser ganzes Leben müssen aus unserem ständigen Bemühen fließen, in jedem Aspekt unseres Seins mit Ihm und anderen eins zu sein.

Jesus machte deutlich, dass diese Einheit die Welt zum Glauben führen würde:

> *Aber nicht für diese allein bitte ich, sondern auch für die, welche durch ihr Wort an mich glauben, damit sie alle eins seien, wie du, Vater, in mir und ich in dir, dass auch sie in uns eins seien, damit die Welt glaube, dass du mich gesandt hast. (Johannes 17,20-21)*

Hier fügte Jesus Seinem Umriss des Glaubens etwas hinzu. Bevor er auf die Erde kam, waren Mose und die Propheten der Schlüssel zu der Erkenntnis gewesen, wer Er wirklich war. Doch da Er nun verherrlicht ist, muss Er an Seinen Brüdern und Schwestern erkannt werden. Erst wenn unser Leben durch die extreme Freude, in der Gegenwart des Vaters und als Seine Söhne und Töchter zu leben, „erbebt", wird die Welt erkennen, dass Christus der ist, der kam, um sie wieder zu dem Zweck zurückzuführen, zu dem sie geschaffen wurde – Herrlichkeit.

Gedankenanstöße

Was ist Freude? Ist sie immer von einem entzückten Lächeln begleitet? Wie zeigte Jesus Seine Herrlichkeit? Welche Art und Weise, sie auszudrücken, fällt dir ein?

....

....

....

Fühlt es sich manchmal so an, als hättest du deine Freude verloren? Was ist passiert? In vielen Fällen kannst du dich entscheiden, eine Situation noch einmal innerlich zu erleben und anders zu reagieren, z.B. Jesu Freude dabei zu spüren.

....

....

....

Ist Freude ein Erlebnis für den Einzelnen? Steckt in der Freude etwas, das Beziehungen fördert?

....

....

....

Meditation

Freude kann nicht als theoretischer Wert existieren: Sie muss persönlich erlebt werden, um ihre Gültigkeit zu erhalten. Und doch kannst du sie nicht ganz alleine entwickeln. Du kannst sie nicht einfordern. Sie ist ein Geschenk, ein Nebenprodukt deiner Antwort auf eine Einladung Gottes Selbst.

Öffne Ihm neu dein Herz. Gib dich Ihm hin. Höre zu. Hörst du Seine leise flüsternde Stimme? Was sagt Er dir? Jedes Seiner Worte reicht aus, um Freude in deinem Herzen zu entfachen.

Kapitel 12

Gib ihm die Möglichkeit, zu handeln

Kevin Dedmon

In Seiner Souveränität hat Gott es so festgelegt, dass Er durch uns sprechen und durch unsere Hände hier auf der Erde handeln möchte. Als Botschafter Christi sind wir Sein Sprachrohr und Seine verlängerten Hände.

Es ist natürlich „*Christus in uns, die Hoffnung der Herrlichkeit*“ (Kolosser 1,27). Und es ist dieser Christus *in* uns, der nur darauf wartet, Christus *durch* uns zu sein, weil Er auch für die Menschen um uns herum die Hoffnung der Herrlichkeit werden möchte. Er möchte noch in das Leben vieler weiterer Menschen eingreifen und es ist das Risiko, das wir eingehen, welches Seine Hände löst und Seine Stimme hörbar macht. Durch dieses Risiko werden die Wunder freigesetzt, die die Menschen auf dieser Erde so dringend brauchen.

Der Apostel Jakobus hat versprochen: „*Das Gebet des Glaubens wird den Kranken retten, und der Herr wird ihn aufrichten …*“ (Jakobus 5,15). Gott wartet nur darauf, dass Er in unser Leben und das Leben anderer eingreifen kann. Risiken einzugehen bedeutet aktiv zu werden und beweist, dass wir wirklich glauben.

Wusstest du, dass es Gott gefällt, wenn Er durch unsere Schritte des Risikos die Gelegenheit bekommt, in unser Leben und unsere Umstände einzugreifen? Es freut ihn, denn dann bekommt Er die Möglichkeit zu handeln! Wir erlösen Gott und die Engel des Himmels gewissermaßen von Langeweile, wenn wir Risiken eingehen. Gott hat nur darauf gewartet, dass wir dem Übernatürlichen nachjagen, damit er für uns eintreten kann.

Hebräer 11,6 sagt uns: „*Ohne Glauben aber ist es unmöglich, ihm wohlzugefallen…*“. Es ist also weder unsere Leistung noch unser Erfolg, sondern *Glaube durch Risiko, der Gott gefällt.* Selbst wenn wir ein Risiko eingehen und ein falsches Wort der Erkenntnis geben, hat Gott daran Wohlgefallen. Wir können Ihn, in Seiner Liebe zu uns, nicht umstimmen.

Wenn wir uns auf den Weg begeben, Schritte des Risikos zu gehen, ist es wichtig zu wissen, dass sich unser innerer Wert und Stand als Seine Kinder durch das Eingehen von Risiken nicht steigert – Er ist schon jetzt durch und durch zufrieden mit uns. Der Vater hatte schon Wohlgefallen an Jesus, noch bevor dieser das Risiko einging, Wasser in Wein zu verwandeln, für jemanden zu beten oder auf dem Wasser zu gehen. Bei Jesu Taufe – noch bevor Er irgendein Wunder getan hatte – sagte der Vater über Ihn: „*Dieser ist mein geliebter Sohn, an dem ich Wohlgefallen gefunden habe*“ (Matthäus 3,17). Auf die gleiche Weise hat Gott schon Wohlgefallen an uns, weil wir Seine Kinder sind. Wir können nichts tun, um bei Ihm noch mehr Wohlgefallen zu finden.

In dem Gleichnis von der hartnäckigen Witwe schließt Jesus mit der Frage: „*Doch wird wohl der Sohn des Menschen, wenn er kommt, den Glauben finden auf der Erde?*" (Lukas 18,8). In anderen Worten wird er sehen, dass wir und andere beständig Risiken des Glaubens eingegangen sind, bis Jesus wiederkehrt? Der Apostel Paulus ermahnt uns: „*Prüft euch, ob ihr im Glauben seid, untersucht euch! Oder erkennt ihr euch selbst nicht, dass Jesus Christus in euch ist? …*" (2. Korinther 13,5). Risiko sollte nicht nur ein einmaliges Erlebnis sein, sondern ein kompletter Lebensstil.

Es ist verständlich, dass einem das Risiko nicht einfach so zufällt. Es muss anfangs bewusst angestrebt werden. Das Risiko erfordert eine Verpflichtung dazu, das Unmögliche fortwährend zu suchen. Selbst bewährte Risikoträger spüren, wie ihr Herz jedes Mal aus ihrer Brust springen möchte, wenn sie ein wirkliches Risiko eingehen. Vielleicht gewöhnst du dich nie an Risiken, doch je mehr du hineintrittst, desto normaler wird es für dich werden. Entwickle in deinem eigenen Leben eine Kultur des Risikos, indem du immer wieder durch Gebet in Bereiche des Unmöglichen trittst.

Gedankenanstöße

Glaubst du, dass Risiko einzugehen nur etwas für eine bestimmte Art von Menschen ist (und, dass du vielleicht nicht zu ihnen gehörst)? Sieh dir einmal die unterschiedlichen Persönlichkeiten der Apostel und Leiter der frühen Gemeinde an. Die Risiken, die sie eingingen, waren vielleicht unterschiedlich; doch denkst du, dass nicht jeder von ihnen, Teil einer Kultur des Risikos war? Wie sahen einige der Wunder aus, die als direktes Ergebnis ihres Glaubens geschehen sind?

....

....

....

Wie lange ist es her, seitdem du das letzte Mal ein Risiko eingegangen bist? Hast du von dir selbst ein „Zeugnis“ des risikoreichen Glaubens? Was hält dich noch davon ab, in großem Maße in übernatürliche Risiken zu investieren? Was hindert dich daran, den unmöglichsten Träumen nachzujagen?

....

....

....

Welches unerwartete Risiko des Glaubens wirst du heute wagen? Morgen?

....

....

Meditation

Wenn wir eine übernatürliche Kultur des Risikos entwickeln wollen, müssen wir bereit sein, das Unmögliche zu probieren, auch wenn wir manchmal vielleicht am Ziel vorbeischießen. Auf der Jagd nach unserer übernatürlichen Bestimmung müssen wir gewillt sein, unsere Situation noch zu verschlimmern. Wir müssen es wagen, durch die kleinen Türen, die sich uns öffnen, zu gehen. Wir mögen nicht jedes Mal richtig liegen, doch wenn wir nicht einmal versuchen, die Wunder Jesu zu tun, verpassen wir einen großen Teil unserer übernatürlichen Bestimmung.

Für uns Christen sollte Risiko eine Kultur darstellen und kein einmaliges Ereignis. Du kannst nicht sagen: „Okay, ich nehme jetzt ein Risiko auf mich. Zum Glück habe ich diese Forderung abgehakt. Jetzt kann ich wieder ein sicheres Leben führen.“ Nein, Risiko – im Laufe der Zeit entwickelt und wiederholt – sollte einen großen Teil eines Lebensstils des Königreiches Gottes ausmachen. Das einmalige Eingehen eines Risikos nützt nur in dieser einen Situation etwas, also musst du immer wieder Risiken eingehen.

Wenn du diesen Risikofaktor anwendest und in deine übernatürliche Bestimmung eintrittst, wird Gott dich bevollmächtigen, auf neue Ebenen übernatürlicher Wunder zu gelangen. Ich gebe dir hiermit die Gnade weiter, einen radikalen Lebensstil des radikalen Risikos zu leben!

Kapitel 13

Glaube buchstabiert sich R-I-S-I-K-O

Chris Overstreet

Glaube buchstabiert sich R-I-S-I-K-O, mit Liebe und Ehre.

Ehre gibt jedem Menschen, den Gott geschaffen hat, einen großen Wert – unabhängig seines oder ihres sozialen Standes oder geistlichen Zustandes. Ehre führt Menschen in die große Berufung hinein, die Jesus für sie hat. Wir ehren Menschen nicht, weil wir etwas Bestimmtes von ihnen bekommen können, sondern weil wir selbst von Jesus geehrt (aufgerichtet) wurden. Wir ehren Menschen nicht für das, was sie zu sein scheinen. Wir ehren sie für das, was Jesus über sie sagt:

> *Ihr lebt unter Menschen, die Gott nicht kennen. Führt darum ein vorbildliches Leben! Sie mögen euch zwar verleumden und als Übeltäter hinstellen, doch wenn sie all*

das Gute sehen, das ihr tut, lassen sie sich vielleicht eines Besseren belehren und werden das dann zur Ehre Gottes auch anerkennen, wenn er am Tag des Gerichts Rechenschaft von ihnen fordert. (1. Petrus 2,12)

Vor einigen Jahren lief ich einmal einem Mann in einem elektrischen Rollstuhl nach, weil ich wollte, dass er geheilt wird. Ich fragte ihn, ob ich für ihn beten dürfe, doch er wehrte ab. Trotz seiner Ablehnung wollte ich ihn weiterhin zwingen, Gebet zu empfangen. Was ich damals nicht verstand, war, dass ich ihn als Person nicht wertschätzte und ehrte.

In dieser Situation war er für mich nichts anderes als ein Auftrag. Der Herr lehrte mich durch dieses Erlebnis, dass ein Mensch es immer verdient als Person geehrt zu werden, ganz gleich in welcher körperlichen Verfassung er sich befindet.

Kannst du jemanden ehren, dessen Meinung du nicht teilst? Ich befand mich schon in vielen Gesprächssituationen, in denen ich nicht mit der Meinung meines Gegenübers übereinstimmte. Doch weil Jesus diese Person ehrt, ist es immer noch meine Pflicht, diese Person auch zu ehren und zu lieben. Wir Gläubigen sollten Menschen ehren – unabhängig davon, ob wir mit ihnen übereinstimmen oder nicht. Es hat keinen Nutzen respektlos zu sein, wenn wir anderen das Evangelium weitersagen möchten. Unsere Verantwortung ist es, anderen Menschen immer Liebe und Ehre entgegenzubringen.

Ich habe einmal ein ganzes Restaurant gestört, indem ich einfach aufgestanden bin und angefangen habe zu predigen. Das Problem war nicht das Predigen, sondern, dass ich dem Restaurant und den Gästen, die dort aßen, keine Ehre entgegenbrachte. Der Besitzer des Restaurants war von meiner Gabe zu predigen nicht beeindruckt und er bat mich sicherlich nicht, wiederzukommen. Ich hätte einfach meinen gesunden Menschenverstand und ein wenig Weisheit gebrauchen sollen, um zu verstehen, dass ich sie eher störte als segnete.

Menschen zu ehren muss von einem aufrichtigen Herzen der Liebe kommen, egal wie die Menschen aussehen, riechen oder wie sie sich verhalten. Dies schließt auch dein Umfeld mit ein. Du darfst kühn sein, doch gleichzeitig solltest du Geschäfte und Menschen um dich herum ehren. Gebrauche Weisheit, wenn du im Rahmen von Ladengeschäften dienst. Einer deiner Anliegen sollte sein, dass diese Ladengeschäfte aufblühen.

Im Jahr 1999 hörte ich viele Geschichten von Menschen, die Gottes Stimme hörten und auf das reagierten, was Er zu ihnen sagte. Manche Menschen erzählten davon, wie Gott sie zu einem bestimmten Ort führte, wo sie dann eine bestimmte Person treffen würden, die Er ihnen zeigte. Könnte Gott mich auf die gleiche Art und Weise gebrauchen? Konnte es wirklich möglich sein? Also betete ich zu Gott: „Sprich zu mir, Herr. Ich werde alles tun, worum du mich bittest." Ich spürte, wie Gott mir bedeutete, zu einem bestimmten Ort in der Stadt zu gehen, wo ich in einer bestimmten Straße eine Person treffen würde. Ich war total gespannt! Meine Zeit zu scheinen war gekommen! Also brachte ich einige meiner Freunde zusammen und gemeinsam zogen wir an diesem späten Abend los, um der Stimme Gottes zu folgen.

Als wir in die Stadt kamen, fühlte ich mich zunehmend beklemmt im Herzen. Wir konnten den Ort nicht so leicht finden, von dem ich dachte, dass der Herr ihn mir gezeigt hatte. Um dem Ganzen die Krone aufzusetzen, war dort auch weit und breit niemand zu sehen. Wir hielten mit dem

Auto am Straßenrand und ich fing an, mich aufzuregen. Ich war über mich selbst verärgert und dachte mir: *Hab ich's doch gewusst. Dieses Zeug ist nichts für mich. Übernatürliche Evangelisation ist nur für besondere und begabte Menschen. Außerdem habe ich eine Vergangenheit. Warum sollte Gott so jemanden wie mich gebrauchen wollen, nach allem, was ich früher getan habe?* Ich fing an zu weinen und meine Freunde im Auto versuchten, mich aufzumuntern.

Laura, eine Freundin, die damals dabei war, sagte zu mir: „Chris, du hast dein Ziel heute Abend nicht verfehlt."

Ich antwortete: „Wovon redest du? Wir konnten weder den Platz noch die Person finden."

Doch sie blieb dabei: „Chris – du hast es heute nicht verfehlt:" Sie erklärte mir, dass sich die meisten Leute nichts daraus machen würden, wenn sie spürten, dass Gott ihnen etwas zeigte. Sie sprach weiter: „Gott sieht auf dein Herz, Chris, und Er liebt dein Herz, weil du ein Herz voller Liebe hast und bereit bist, Risiken für Ihn einzugehen."

An diesem Tag lernte ich eine wertvolle Lektion. Wenn mein Herz darauf gerichtet ist, Gott zu lieben und Seiner Leitung zu folgen, um letztendlich andere Menschen zu lieben, kann ich das Ziel niemals verfehlen. Es ist wie bei einem Kind, das Zeit braucht, laufen zu lernen. Es geht ein paar Schritte und fällt dann hin. Doch irgendwann, lernt das Kind zu laufen. Jeder von uns ist durch die Wiedergeburt ein Kind Gottes geworden und wir alle lernen, wie wir darin laufen können. Unser Vater liebt uns und Er ist stolz auf uns, wenn wir Schritte gehen, die ein Risiko beinhalten.

Gedankenanstöße

Inwieweit hat dein Glaubensweg mit Gott bisher auch Risiken enthalten? Wie hat es funktioniert? Was hast du dadurch gelernt?

....

....

....

Zeugnisse können uns inspirieren, ähnliche Risiken einzugehen. Erkläre den Unterschied zwischen einer wahren Inspiration Gottes, und unserer menschlichen Neigung, unser eigenes Zeugnis zu erfinden, um im Ansehen anderer Gläubigen zu steigen. Gebraucht uns Gott manchmal trotz unserer gemischten Motive? Warum lässt er es zu, dass wir manchmal versagen?

....

....

....

Meditation

Du kannst auf der sicheren Seite bleiben – und dich wundern, warum dich Gott nie auf die Art und Weise gebraucht, wie Er es bei anderen tut – oder du entscheidest dich, deine ersten wackeligen Schritte des Glaubens zu gehen und zu sehen, wohin Er dich führt. Wenn du Glauben zu einem deiner wichtigsten Werte machst und einen Lebensstil des Risikos annimmst, wirst du mehr und mehr Möglichkeiten um dich herum entdecken, für das Königreich Gottes etwas zu bewirken.

Bitte Ihn um Hilfe dabei, aufzustehen und die Füße des Glaubens zu gebrauchen. Er wird dir wieder aufhelfen, wenn du das Gleichgewicht verlierst und fällst. Er wird dir auch zeigen, wie man andere Menschen liebt und ehrt. Er wird deine Sinne trainieren – auch deinen gesunden Menschenverstand – damit du deinen Weg voller Zuversicht gehen kannst.

Kapitel 14

Was ist normal?

Danny Silk

Ich hasse Schlangen! Ich habe schon eine nennenswerte Anzahl an Schlangen getötet, einfach weil ich glaube, dass sie gefährlich sind. Vor nicht allzu langer Zeit besuchte mich ein Freund. Er erzählte mir, dass er mit seiner Familie auf einer Wanderung gewesen war, als sie am Wegrand eine Klapperschlange fanden, die jemand (wie ich) getötet hatte. Der Sohn meines Freundes war zutiefst erschüttert darüber, dass jemand in der Lage war, so etwas zu tun. Er rief: „*Papa!* Sie haben sie getötet! Warum sollte jemand so etwas Schreckliches tun? Papa, warum sollte jemand eine Schlange töten?" Ich sagte die ganze Zeit über nichts. Sein Sohn saß bei uns, während mein Freund mir erzählte, wie traurig seine ganze Familie über diesen Vorfall gewesen war. Ich war sehr erstaunt. Ich hatte noch nie zuvor jemanden getroffen, der Schlangen *liebte*. Alle meine *normalen* Freunde sind der gleichen Ansicht wie ich; auch sie hassen Schlangen. Meine Überzeugung bezüglich Schlangen wurde hier in Frage gestellt.

Was ist normal? Wir erhalten unsere Meinung durch unsere Familie, durch die Menschen, die in unseren Entwicklungsjahren am meisten direkten Einfluss auf uns ausüben. Wenn wir heiraten und unsere Familie verlassen, bemerken wir manchmal zum ersten Mal, dass unser „normal" nicht für jeden genauso „normal" ist. „Was? Du isst deine Tacos nicht mit Ketchup? Ich dachte, jeder isst Tacos so." Wir sehen uns die Familie unseres Ehepartners an und denken: „Deine Familie ist komisch." Und unser Ehepartner denkt sich genau das gleiche.

Uns ist nicht bewusst, was wir eigentlich glauben, weil wir es schon so lange geglaubt haben, und zwar lange bevor wir die Fähigkeit entwickelt haben, das Wahre vom Falschen zu unterscheiden. Du kannst deinen Kinder erzählen: „Heute Nacht wird ein rot und weiß gekleideter Mann auf unserem Dach landen, den Schornstein (den wir nicht haben) hinuntergleiten und Geschenke für euch dalassen. Wir legen Kekse und Milch für ihn hin." Die Kinder wachen dann am nächsten Morgen auf und sagen: „Wow! Geschenke! Von dem Keks hat jemand abgebissen! Es ist alles wahr!"

„Ja und demnächst hüpft ein Hase um die ganze Welt und versteckt überall im Haus Eier. Er wird auch einen Korb voller Schokolade hier lassen." Natürlich sind am nächsten Morgen Eier und der Korb da. Es stimmt also! (Wir erklären ihnen dann noch, dass wenn ihnen von Süßigkeiten ihre Zähne ausfallen, eine Fee ihre Zähne durch Geld ersetzt, wenn sie sie unter ihr Kissen legen…)

Kinder haben nicht die Fähigkeit zu sagen: „Das fühlt sich einfach falsch an" oder „Du redest Blödsinn, Papa." Ein fünfjähriges Kind kann noch nicht Wahrheit und Täuschung unterscheiden. Es muss seiner Umgebung vertrauen, um einen Sinn für Wahrheit zu entwickeln.

Früher oder später wird das Kind dann Machtspielchen kennenlernen. Um eine sich verändernde Umgebung zu überleben, versuchen Menschen die Überzeugungen anderer zu kontrollieren. Sie nehmen die Informationen, die sie haben, und wollen damit einen Vorteil anderen gegenüber erreichen.

Der Autor Steven Covey erzählt, wie er einmal erschöpft von einem langen Arbeitstag in der U-Bahn saß und die friedliche Heimfahrt genoss. Die U-Bahn hielt an und durch die Tür betraten ein Mann und seine vier Kinder das Abteil. Die Kinder begannen sich zu amüsieren, und schreiend von einem Ende des Abteils zum anderen zu rennen. Covey wurde immer ärgerlicher darüber, dass der Vater seinen Sprösslingen erlaubte, komplett durchzudrehen und er ihr Benehmen nicht einmal zu bemerken schien. Als schließlich eines der Kinder über eine ältere Dame stolperte und diese laut aufheulte, hatte Covey genug. Er sprang auf, ging zu dem Vater hinüber und sagte: „Entschuldigung! Sehen Sie nicht, wie sich Ihre Kinder benehmen?"

Der Mann sah wie benommen auf und antwortete: „Oh das tut mir leid. Wir kommen gerade aus dem Krankenhaus. Ihre Mutter ist soeben gestorben. Ich bin mir sicher, sie wissen einfach nicht, was sie tun sollen."

Überwältigt von dieser neuen Erkenntnis sagte Covey: „Oh es tut mir sehr leid. Bleiben Sie hier, ich helfe Ihnen mit den Kindern." In nur einem Augenblick war er von einem ärgerlichen Zustand in eine Haltung der Hilfsbereitschaft übergegangen. Warum? Weil er neue Informationen erhalten hatte. Seine Einschätzung der Situation hatte sich verändert. Das Verhalten, das durch seine Überzeugung kam, änderte sich auch.

Die Frucht der Gegenwart Gottes in unserem Leben ist die Selbstkontrolle – nicht die Kontrolle über andere Menschen. Und unsere Motivation dafür, Selbstbeherrschung zu üben, verbessert sich in direktem Verhältnis zu unserem Vertrauen in Gott. Wenn wir unsere Sicherheit in Gott finden, haben wir nicht das Bedürfnis, die Menschen um uns herum so zu verbiegen, damit sie unserem Glaubenssystem entsprechen. Paulus sagte: „*Die Frucht des Geistes aber ist: Liebe, Freude, Friede, Langmut, Freundlichkeit, Güte, Treue, Sanftmut, Enthaltsamkeit. Gegen diese ist das Gesetz nicht gerichtet.*" (Galater 5,22-23).

Wenn wir uns dazu entscheiden, diese Selbstkontrolle darauf auszurichten, dass wir Gott, unseren Ehepartner, unsere Kinder und die Menschen um uns herum lieben, dann arbeiten wir Seite an Seite mit dem Heiligen Geist und laden Sein Königreich ein, in unserem Zuhause zu regieren. Doch wenn wir mit einem Geist der Furcht zusammenarbeiten, laden wir das Königreich der Einschüchterung, Manipulation und des Ärgers ein, zu regieren. Das geistliche Umfeld um uns herum läuft letztendlich auf die Gegenwart von Furcht oder Liebe hinaus.

Welches von beiden soll dein „normal" sein?

Gedankenanstöße

Ist es dir schon einmal passiert, dass etwas, das du eigentlich für die Wahrheit hältst, sich nicht mit deiner tatsächlichen Reaktion in einer bestimmten Situation gedeckt hat, insbesondere wenn du starke Emotionen wie Furcht oder Wut hattest? Was hast du durch diese Erfahrung über deinen Glauben gelernt?

....

....

....

Man kann sehr viel Verstand und Disziplin einsetzen, um mit anderen übereinzustimmen und Kritik zu vermeiden. Wie unterscheidet sich dies von der übernatürlichen Frucht der Selbstkontrolle?

....

....

....

Was sind Schlüssel zur „Normalität" im Reich Gottes? Wie kannst du sie erkennen?

....

....

....

Meditation

Der Heilige Geist ist der Geist der wahren Kraft. Menschliche Wut und Gewalt, Ausreden und Lügen sind falsche Antriebskräfte und Menschen verwenden sie, um andere zu kontrollieren. Wie wir in dem Aufeinandertreffen dieser zwei Königreiche leben – dem Königreich Gottes und dem Königreich dieser Welt – und welche Kraft wir in einer bestimmten Situation gebrauchen, hängt von unserem Glaubenssystem ab, bzw. unserer Loyalität den speziellen Überzeugungen gegenüber, die wir für wahr halten.

Gib dein Glaubenssystem im Gebet an Gott ab und bitte Ihn, dich zu korrigieren wo es nötig ist und dir zu helfen, das zu „festzuhalten“, was Seine Wahrheit widerspiegelt.

Kapitel 15

ANGSTFREIE ZONE

Beni Johnson

Als unser drittes Enkelkind Haley geboren wurde, hatte Jenn, unsere Schwiegertochter, eine Infektion und der Arzt musste einen Notkaiserschnitt machen. Als sie das Baby aus dem Operationssaal brachten und eilig auf die Intensivstation für Neugeborene verlegten, erklärten sie uns, dass Haley nicht gut reagierte. Sie machen normalerweise mit neugeborenen Babys einen Test, der sich Apgar-Score nennt. Er hat eine numerische Skala mit zehn als bestem Wert. Haley hatte einen Wert von zwei. Wir fanden später heraus, dass Babys mit diesem Wert normalerweise nicht überleben. Als sie uns diese Nachricht überbrachten, mussten wir als Familie eine Entscheidung treffen. Würden wir mit dieser schlimmen Nachricht übereinstimmen? Ich werde dieses Gefühl niemals vergessen. Es war das erste Kind unseres Sohnes. Alles war so neu und aufregend. Dann bekamen wir diese schlechte Nachricht. Ich erinnere mich, wie ich in das Wartezimmer ging und mich auf einen Stuhl setzte.

Ich legte mein Gesicht in die Hände und fragte Gott, was da los war. Ich hörte folgende Worte: „Es ist nur Kriegsführung. Sag Nein!“ Und das tat ich dann auch. Die ganze Familie betete. Dies würde nicht passieren. Innerhalb von zehn Minuten kam die Krankenschwester heraus und verkündete, dass Haleys Apgar-Wert jetzt auf sieben lag und dass es ihr gut gehen würde. Während ich dies schreibe, ist Haley putzmunter und verändert die Welt für Jesus.

Angst hat eine Strategie, wie sie aufsteigt und dich beißt. Alles in deinem Leben scheint wunderbar zu laufen und du lebst im Frieden. Doch plötzlich ist da diese Angst, die versucht, dich einzuwickeln und deinen Frieden zu zerstören. Wir als Gläubige müssen die Entscheidung treffen, Angst zu widerstehen. Wir als Familie mussten uns entscheiden, dass wir nicht mit Angst zusammenarbeiten würden. Der Teufel hat nur ein Recht in unser Leben hineinzufunken, wenn wir mit ihm übereinstimmen. Das Mittel, mit dem er sich uns schnappen will, ist Angst. Er spielt ein ungerechtes Spiel. Er greift uns genau in unseren Schwachpunkten an.

Die Bibel mahnt uns, dass wir keine Angst haben sollen:

Fürchte dich nicht vor plötzlichem Schrecken noch vor dem Verderben der Gottlosen, wenn es über sie kommt! Denn der HERR ist deine Zuversicht und bewahrt deinen Fuß vor der Falle. (Sprüche 3,25-26)

Ich habe die Aufgabe, das Gebet in der Bethel Gemeinde zu leiten. Als Gebetspastorin bekomme ich viele E-Mails aus aller Welt. Viele dieser E-Mails bitten um ein Gebet in einem Notfall und sie kommen mit großer Dringlichkeit. Viele von ihnen sind gut und angemessen, doch andere sind so voll von Furcht, dass ich den Geist zurückweisen muss, der an ihnen haftet. Ich weigere mich, aus Angst heraus zu beten.

Was ich jedoch tue, ist einfach innezuhalten und Gott

zu fragen, wie ich in dieser Krise beten soll und dann auf Seine Führung zu warten. Ich muss meinen Fokus auf Gott gerichtet halten und nicht auf den Notstand. Wenn du deine Gebete aus Angst heraus betest, kannst du unmöglich einen Weg finden, so zu beten, wie auch der Himmel betet. Alles, was du hörst, ist der Herzschlag der Angst. Wir müssen wie die Söhne Issachars sein (siehe 1.Chronik 12,32); wir müssen verstehen und wissen, was wir tun sollen. Fokussiert zu bleiben und sich an den Plan des Himmels zu halten ist das Allerwichtigste.

Lehnst du dich manchmal einfach zurück und denkst darüber nach, wie die Welt gerade aussieht und was in Wirklichkeit los ist? Warum passieren die Dinge in der Welt? Was verursacht diese Ereignisse eigentlich? Was ist die Wurzel? Nicht nur oberflächlich, sondern noch tiefer: Was ist der Grund dafür, dass die Dinge so laufen, wie sie es tun?

Wenn ich mir die Welt ansehe, kann ich den Plan des Teufels erkennen. Die Wurzel ist Furcht. Es ist wirklich ein einfacher Plan. Alles, was der Teufel tun muss, ist, sich darum zu kümmern, dass wir in Angst leben; dann werden all unsere Reaktionen aus Angst heraus geschehen. Der am häufigsten wiederholte Befehl in der Bibel ist „Fürchte dich nicht". Von Genesis bis hin zur Offenbarung hat Gott und immer wieder gesagt, wir sollen keine Angst haben. Gott kennt unsere menschliche Schwäche und er weiß, dass wir Ihn brauchen.

Wenn ich mich also zurücklehne, die Welt betrachte und sehe, was Gott alles tut, macht mich das glücklich. Kommen dir diese Worte bekannt vor:

> *„Denn ich kenne ja die Gedanken, die ich über euch denke, spricht der HERR, Gedanken des Friedens und nicht zum Unheil, um euch Zukunft und Hoffnung zu gewähren." (Jeremia 29,11).*

Rufe über dir aus, dass um dich herum eine „angstfreie Zone" ist und du einen Geist der glaubenserfüllten Zuversicht mitbringen wirst, wohin du auch gehst!

Gedankenanstöße

Bist du von Natur aus eine eher ängstliche Person? Was tust du normalerweise, wenn etwas Angsteinflößendes in dein Leben tritt? Falls Gott dir bereits geholfen hat, deine Ängste zu überwinden, wie hat er das getan?

....

....

....

Überlege, ob es eine Zeit gab, in der du dein Vertrauen auf Gott gesetzt hast, anstatt in Angst zu schwimmen. Hat es einige Zeit gebraucht, ihm völlig zu vertrauen? Unabhängig davon, wie lange es gedauert hat, was war das Ergebnis deines Glaubens ohne Angst?

....

....

....

Wir sollen in unseren Umständen keine Angst haben und doch sind wir aufgefordert, Gott zu „fürchten". Inwiefern ist unsere menschliche Angst (vor Schmerz, Schwierigkeiten, Leid) anders als eine heilige Ehrfurcht vor Gott?

....

....

....

Meditation

Das Alte Testament ist gefüllt mit großartigen Geschichten von Königen und Anführern Israels, die sich nach Gott ausstreckten, um Weisheit zu erhalten. Ihre einzige Hoffnung und Rettung war, das Gott eingreifen würde. Die Menschen des Neuen Testaments brachten diese Abhängigkeit von Gott auf ein neues Niveau, denn alle Gläubigen wurden mit dem Heiligen Geist erfüllt.

Sprich mit deinem Vater Gott über etwas, was dir gerade Angst macht. Mache es zu deiner festen Absicht, Ihm von ganzem Herzen und mit deinem ganzen Verstand zu vertrauen. Achte dann darauf, was Er dir zu tun aufträgt.

Kapitel 16

JEDEN ANGSTEINFLÖSSENDEN GEDANKEN GEFANGEN NEHMEN

Chad Dedmon

Im Jahr 2002 besuchte ich die Bethel Schule des übernatürlichen Dienstes. Wir übten oft, die Stimme des Herrn zu hören, um sie immer deutlicher zu vernehmen und in unserer Intimität mit Jesus zu wachsen. Was wir innerhalb der vier Wände unserer Schule lernten, nahmen wir aus dem Klassenzimmer mit hinaus und begannen, mutig unseren Glauben zu üben.

Wenn meine Klassenkameraden und ich irgendwo Essen gingen, machte es sich jeder von uns zur Aufgabe, für unseren Kellner ein prophetisches Wort zu bekommen. Dies konnte alles von einem prophetischen Wort der Ermutigung – welches die Menschen auf einfach Art und Weise mit dem Herzen ihres himmlischen Vaters verbindet – hin zu Worten der Erkenntnis beinhalten. Je spezieller das Wort wird, desto größer ist auch das Risiko, das in dem Überbringen des Wortes liegt.

Einmal hörte ich immer wieder den Satz „Ich mag mein kleines braunes Haus". Ich hörte auch den Namen „Vicki", also spitzelte ich auf das Namensschild der Bedienung, um zu sehen, ob Vicki darauf stand. Dem war nicht so. Ich bat Gott um mehr Klarheit, doch ich bekam nichts.

In der Zwischenzeit begannen meine Freunde, ihr Worte der Ermutigung zu geben. An diesem Punkt hätte ich ehrlich gesagt am liebsten ein einfaches Wort gehabt, das ich ihr von Gott geben konnte.

Ich hatte Angst, dass sie denken könnte, ich sei ein geistlicher „Irrer", wenn ich ihr meinen Eindruck geben würde.

Nun war ich an der Reihe. Also ließ ich es einfach darauf ankommen und fragte sie: „Bedeutet Ihnen der Name Vicki irgendetwas?" Meine Beine unter dem Tisch zitterten, so nervös war ich. Sie trat einen Schritt zurück und sagte: „Wow, das ist mein zweiter Vorname!"

Ermutigt gab ich ihr das zweite Wort. Ich erklärte ihr, dass ich den Satz „Ich mag mein kleines braunes Haus" immer wieder hörte. Sofort setzte sie ihr Tablett auf dem Tisch ab und fragt in einem scharfen Ton, ob ich mit ihrem Ehemann gesprochen hatte. Ich antwortete: „Nein, ich kenne Ihren Mann nicht." Sie erklärte, dass ihr Mann und sie darüber geredet hatten, ob sie ihr Haus verkaufen sollten. An genau diesem Morgen hatte sie zu ihm diesen Satz gesagt: „Ich mag mein kleines braunes Haus." Sie fragte mich, wie es möglich war, dass ich von diesem Gespräch wusste. Ich erzählte ihr, dass ich es nicht wissen konnte, doch Gott wusste es und Ihm ist jeder Bereich ihres Lebens wichti.

Daraufhin fragte ich sie, ob sie gerade irgendwelche Schmerzen in ihrem Körper hatte. Sie gab zu, dass sie tatsächlich wegen eines Unfalls, der zehn Jahre zurücklag, im unteren Rückenbereich Schmerzen hatte. Wir beteten gemeinsam für ihren Rücken und die Schmerzen verschwanden. Ich war froh, dass ich das Risiko auf mich genommen hatte, ihr zu erzählen, was ich von Gott für sie gehört hatte.

Wie du siehst, kannst du von Gott Informationen über andere Menschen bekommen, die für dich erst gar keinen Sinn ergeben. Denke nicht zu viel darüber nach. Es macht für dich normalerweise keinen Sinn, weil es nicht auf dich zutrifft. Es macht jedoch oft für die Person Sinn, die das Wort erhält.

Später an diesem Abend dachte ich darüber nach, was in dem Restaurant passiert war und wie extrem nervös ich gewesen war, bevor ich der Bedienung das Wort gegeben hatte. Ich hatte von Gott sehr genaue Informationen über ihr Leben erhalten, doch ich hatte solche Angst, es ihr zu sagen. Warum hatte ich so große Angst davor, das zu tun, wozu ich gerufen bin – Menschen mit dem Wort Gottes zu ermutigen?

Ich fragte mich: „Warum befällt mich solche Angst, wenn ich in der Öffentlichkeit einen Menschen in einem Rollstuhl sehe und ich den Wunsch habe, für ihn oder sie zu beten?“ Warum sollte ich mich davor fürchten, auf eine harmlose Person in einem Rollstuhl zuzugehen und zu fragen: „Möchtest du geheilt werden?“ und dann um eine Berührung mit Gottes heilender Gegenwart zu beten – besonders wenn die Möglichkeit besteht, dass diese Person aus dem Rollstuhl aufspringt und Jesus preist?

Was sollte daran schon angsteinflößend sein?

Im 2. Korinther 10,5 lesen wir, dass wir lernen müssen, jeden Gedanken gefangen zu nehmen und unter den Gehorsam Christi zu stellen. Der Geist des Unglaubens kann in Form von eigenen Gedanken zu uns sprechen. Zum Beispiel, indem er uns einredet: *Was, wenn es nicht funktioniert? Was, wenn diese Person nicht geheilt wird, wenn ich bete?* Diese Gedanken entstehen aus einer Angst vor Versagen und auch aus Menschenfurcht heraus.

Interessanterweise fühle ich mich oft immer noch beklommen, bevor ich in der Öffentlichkeit für jemanden bete. Wenn ich immer noch Furcht spüre, weiß ich, dass der Feind anwesend ist und mich in diesem Moment davon abhalten will, in meine Bestimmung einzutreten.

Ich erinnere mich noch, dass in meiner Jugendzeit die Leute in der Gemeinde, in der ich aufwuchs, immer zu mir sagten: „Wenn der Feind sich in einer Situation zu erkennen gibt, ist dies höchstwahrscheinlich die letzte Karte, die er noch zu spielen weiß.“ Mit diesem Gedanken im Hinterkopf kann ich Angst wie ein Thermometer gebrauchen, um zu messen, was Gott tun wird. Immer wenn der Feind versucht, mich mit Angriffen der Einschüchterung und Furcht zum Schweigen zu bringen, fasse ich mir ein Herz, weil ich weiß, dass sich meine göttliche Bestimmung bald offenbaren wird.

Gedankenanstöße

Hast du dir jemals Zeit genommen, deine Ängste zu bewerten – besonders die Furcht, die dich befällt, bevor du im Glauben jemandem Gottes Wort weitergibst? Was ist deine größte Angst? Wie kannst du ihr entgegentreten?

....

....

....

Viele Glaubenshelden hatten mit Angst zu kämpfen, bevor sie ihren Durchbruch erlebt haben. Als Gott Josua den Auftrag gab, das Volk Israel ins Verheißene Land zu führen, musste Er ihm dreimal sagen, dass er stark und mutig sein solle (siehe Josua 1,5-7,9). Hat Josua Gott ernst genommen? Hat er eher aus Glauben als aus Angst gehandelt? Woran kannst du dies sehen?

....

....

....

Meditation

Du musst dich dazu entscheiden, deine Ängste zu überwinden und es nicht zuzulassen, dass Furcht deine Entscheidungen bestimmt. Wenn du einmal deine Angst überwunden hast, bedeutet dies jedoch nicht unbedingt, dass du nie wieder damit konfrontiert wirst. Furcht kann weiterhin an deiner Tür anklopfen, doch du kannst dich entscheiden, ob du die Tür öffnest und sie hereinbittest, oder nicht. Jedes Mal, wenn du der Neigung, dich zu fürchten, nicht nachgibst, baust du deine geistlichen Muskeln auf, um Furcht zu widerstehen und dich auf den Glauben zu stellen.

Wovor hast du heute Angst? Nimm deine angsteinflößenden Gedanken gefangen und lege sie vor Gott nieder. Entscheide dich bewusst, dein Vertrauen auf ihn zu setzen. Sprich laut aus: „*... ich bin voller Vertrauen und fürchte mich nicht ...*“ (Jesaja 12,2).

Kapitel 17

Eine gute Grundlage für Erfolg

Bill Johnson

Gott wird es nie versäumen, dir alle Mittel zu geben, die du brauchst, bevor du sie brauchst. Er wird Herausforderungen von dir fernhalten, wenn du noch nicht in der Lage bist, sie zu meistern. Die logische Folge ist, dass die Kämpfe und Tests, in die Er dich führt, nur die sein werden, für die Er dich vorbereitet hat. Gott ist ein guter Vater und er hat niemals vor, uns versagen zu lassen, sondern möchte uns Wachstum geben.

Ich glaube, der Grund dafür, dass viele Gläubige in Krisenzeiten in eine Schlinge von Angst und Sorge geraten, ist, dass sie dem Feind erlauben, sie von der Tatsache abzulenken, dass sie in ihrer Ausrüstung schon alle Waffen besitzen, die sie brauchen. Wir werden von unerwarteten Ereignissen leicht geblendet, doch nichts davon überrascht Gott. Deshalb bereitet Er uns auch immer schon darauf vor. Unsere Reaktion auf Schwierigkeiten sieht gleich ganz anders aus, wenn wir uns daran erinnern, dass Er schon alles vorhergesehen und uns darauf vorbereitet hat.

Wenn in unseren Herzen die Wahrheit über Sein Wesen tief verankert ist, werden wir uns darauf konzentrieren können, uns unsere Mittel und Waffen genau anzusehen und sie zu nutzen, wenn wir einer Herausforderung gegenüberstehen. Im Grunde können wir nur dann richtig reagieren, wenn wir komplett davon überzeugt sind, dass Gott gut und immer gut ist!

Es wird für uns dann überhaupt nicht mehr zur Debatte stehen, Seine Güte anzuzweifeln, Erklärungen für Dinge, die wir nicht verstehen, zu erfinden (die Quelle einer Menge schlechter Theologie) oder in Angst und Enttäuschung zu fallen.

Man könnte es damit vergleichen, dass du weißt, was zu tun ist, wenn das Ölkontrolllämpchen in deinem Auto aufleuchtet. Wenn die Wahrheit über Gottes Güte *nicht* tief in deinem Herzen verankert ist, verlierst du nicht nur deinen eigentlichen Auftrag in Konflikten, sondern besitzt auch nicht die Sensibilität des Herzens und den Glauben, um die Werkzeuge zu erkennen, die Gott dir in Vorbereitung auf die kommende Herausforderung gegeben hat.

Die Jünger Jesu lehren uns diese Lektion. Kurz nachdem sie das Wunder mit den Broten und Fischen miterlebt hatten, stiegen die Jünger nämlich in ein Boot und gerieten auf dem See in einen Sturm. Mitten im Sturm ging Jesus auf dem Wasser zu ihnen und stillte den Sturm. Die Jünger waren von Seiner Macht und ihrem eigenen Unglauben überwältigt und wahrscheinlich sahen sie auch, dass sie noch nicht bereit waren, einem neuen Hindernis in ihrer eigenen Autorität entgegenzutreten.

Markus hatte für ihre Reaktion folgende Erklärung: „… *selbst nach dem Erlebnis mit den Broten hatten sie noch nichts begrif-*

fen; ihre Herzen waren verschlossen" (Markus 6,52; NGÜ). In dieser Phase Seines Dienstes lehrte Jesus Seine Jünger das zu tun, was auch Er tat. Jedes Wunder, das Er in ihrer Anwesenheit vollbrachte, war eine Lektion über das Wesen Gottes und eine Einladung an sie, aus dieser Offenbarung heraus zu leben. Indem Er den Sturm stillte, veranschaulichte Er eine Dimension der Kraft und Autorität Gottes, die ganz logisch mit der Kraft und Autorität verknüpft war, welche Er zuvor in dem Essenswunder gezeigt hatte. Es ist fast, als ob Er ihnen die Multiplikation beibrachte und dann in die Algebra überging. Doch sie konnten noch nicht fortfahren, weil sie die erste Lektion noch nicht verstanden hatten.

Warum haben sie die Lektion mit der Essensvermehrung nicht verstanden? Ihre Herzen waren verhärtet. Außerdem fehlte ihnen der grundlegende Glaube daran, wer Gott ist. Sie verstanden nicht, dass Jesus sie nach und nach all die Dinge lehren wollte, die sie einmal für ihr Leben und ihren Dienst brauchen würden. Wie ernüchternd es gewesen sein musste, zu sehen, dass es möglich ist, den Auftrag des Herrn perfekt auszuführen (das verfügbare Essen zu sammeln und es an die Menschenmenge auszuteilen), also direkt an einem Wunder beteiligt zu sein und trotzdem aufgrund ihrer verhärteten Herzen die Werkzeuge noch nicht zu sehen, die Gott ihnen dadurch reichen wollte. Jesu Tadel gab ihnen die Möglichkeit umzukehren und zu entdecken, was sie inmitten des Wunders eigentlich verpasst hatten.

Wir können uns nur mit dem verbinden, was Gott inmitten schwieriger Umstände tut, wenn wir die Fähigkeit haben, uns zu erinnern, wer Er ist und was Er schon in unserem Leben getan hat – die Geschichte unserer Beziehung mit ihm. Ich versichere dir, dass wenn du dich momentan in einer Situation befindest, die über deine Kraft und dein Verstehen hinausgeht, du dir nur etwas Zeit nehmen musst, deine Geschichte mit dem Herrn im vergangenen Jahr etwas zu durchleuchten. Du wirst immer ein Werkzeug finden – beispielsweise ein prophetisches Wort, eine Bibelstelle, die für dich von Bedeutung war, ein Zeugnis oder eine Gebetsstrategie – die Gott schon zu deinem Waffendepot hinzugefügt hat; ein Schlüssel, um die momentane Situation zu meistern. Vielleicht musst du auch für deine Herzenshärte Buße tun, die bislang verhindert hat, dass du erhältst, was Er dir zur Verfügung gestellt hat. Dein Bewusstsein davon, welche Kräfte am stärksten in deinem Leben wirken, wird sich verändern. Diese Sichtweise wird dich dafür öffnen, noch mehr über die unsichtbaren Realitäten zu lernen, die dich überall umgeben. Durch solch eine Veränderung lernst du ganz natürlich dazu.

Gedankenanstöße

Was sind Folgen eines verhärteten Herzens? Was erhält ein Mensch an Stelle eines harten Herzens, wenn er es erkennt und dafür Buße tut?

....

....

....

Fällt dir eine Situation ein, in der du ein verhärtetes Herz hattest (oder sogar noch hast)? Wie hat es dich davon abgehalten, eine Herausforderung zu überwinden? Was kannst du dagegen tun?

....

....

....

Meditation

Gott sandte die Israeliten nach Ägypten, um einen Streit zu provozieren. Er segnete Sein Volk und schenkte ihm großes Wachstum, bis es eine Bedrohung für den Feind war. Dann verhärtete Er die Herzen der Ägypter und forderte sie heraus. Dieser göttliche Aufbau der Ereignisse rechtfertigte, dass Er für Sein Volk eintrat, Seine Wunder zeigte, die Ägypter mit Plagen überhäufte und die Israeliten schließlich voll beladen mit Reichtümern aus dem Land herausführte. Was für ein Plan!

Gott schafft nicht nur eine Konfliktsituation und bereitet dich darauf vor, manchmal führt Er dich auch mitten hinein. Dein Erfolg in dieser Krise hängt davon ab, ob du den Kern des Ganzen erfasst: Seine allumfassende Güte und Seine sachte, persönliche Aufmerksamkeit, die dich auf alles Kommende vorbereitet. Gib dein Ja zu jeder Situation, in die Er dich als Nächstes hineinführt. Erwarte große Dinge!

Kapitel 18

ANGST VS LIEBE

DANNY SILK

Gott hat uns diese kleine Drüse, auch Amygdalae genannt, ins Gehirn gesetzt. Es sind mandelförmige Strukturen, die sich tief in den Temporallappen unseres Gehirns befinden. Diese Drüsen helfen uns dabei, emotionale Reaktionen zu erkennen, besonders die, die mit Angst verbunden sind. Wenn in unserer Umgebung irgendetwas Bedrohliches oder Unerwartetes geschieht, schlagen die Amygdalae an und durchfluten den Körper mit der folgenden Botschaft: *Reagiere. Verteidige dich. Verschwinde. Kämpfe. Fliehe.*

Man muss kein Profi-Wissenschaftler sein, um zu bemerken, dass sich ängstliche Menschen nicht auf dem höchsten Punkt ihrer Kreativität befinden. Falls du jemals in der Nähe einer ertrinkenden oder panischen Person warst, weißt du, dass es besser ist, sich von ihr fernzuhalten. Wirf ein Seil oder reiche ihr eine Stange, doch lass dich von der Person nicht festhalten, sonst wirst du noch zur Boje für sie. Natürlich wird sich diese Person später entschuldigen –

falls du überlebst. Doch Menschen in Angst denken nicht an das Team, die Familie, Gemeinde oder irgendjemanden anderen als an sich selbst. Es ist für sie nicht leicht, sich von dieser Angst zu befreien. Die meisten kommen damit nicht sehr gut klar.

Jeder von uns schafft um sich herum eine Atmosphäre, eine Realität. Doch wir können nur das nach außen weitergeben, was wir in uns tragen. Wenn unsere Gedanken und Gefühle von einem Geist der Angst eingewickelt sind, denken wir vielleicht, dass wir dies geschickt verstecken können; doch wir können die Angst nicht überdecken, die wir in unserem Leben zugelassen haben.

Am schlimmsten drückt sich dies dann in einer Familie oder Gemeinde aus, weil Eltern oder Leiter damit letztendlich aufs Spiel setzen, dass sich die Kinder oder Gemeindemitglieder sicher fühlen. Angsterfüllte und verkrampfte Leiter bringen angsterfüllte und verkrampfte Leute hervor.

Angst und Liebe sind Todfeinde. Sie können nicht den gleichen Platz besetzen. Angst und Liebe sind wie Dunkelheit und Licht, Salzwasser und Süßwasser, Fluch und Segen. Wenn sie beide anwesend sind, muss einer von ihnen gewinnen.

Gott ist Liebe und Seine perfekte Liebe treibt die Furcht aus (siehe 1. Johannes 4,8;18). Die Liebe treibt nicht nur alle Furcht aus, sondern sie schafft auch Sicherheit, Geborgenheit und Frieden. Angst verschwindet. Sicherheit gewinnt. Freiheit wächst.

Leiter müssen verstehen, dass es allerhöchste Priorität hat, das Haus Gottes zu einem sicheren Ort zu machen. Denn so können Menschen auch in ihrem Bund mit Gott diese Sicherheit erfahren, wodurch ihr Potenzial, ihre Salbung und ihre Kreativität mehr und mehr zum Vorschein kommen und sie die Möglichkeit bekommen, im Haus Gottes ihre Anwendung zu finden. Menschen, die sich sicher und frei fühlen, genau die Person zu sein, zu der Gott sie geschaffen hat, sind außerdem in der Lage, die Welt durch das Königreich Gottes zu verändern.

Wahrscheinlich ist dir sehr wohl bewusst, dass ein großes Maß an Freiheit auch Konflikte mit sich bringen kann, weil andere Menschen sich auf eine Art und Weise ausdrücken, was wiederum unsere Amygdalae alarmiert. Wenn wir Ehre – auch ein Ausdruck der Liebe – gegenüber anderen Menschen nicht zu einem unserer wichtigsten Werte gemacht haben, werden wir merken, dass wir aufgrund von Unbehagen anfangen, die Freiheit der Menschen einzuschränken, weil sie uns Angst machen. Es ist zum Beispiel typisch, dass Eltern Angst bekommen, wenn ihre Teenager anfangen, ihre Freiheiten zu entdecken. Je weiter sich das Kind vom Lebensstil der Eltern wegentwickelt, desto wahrscheinlicher ist es, dass diese einschreiten und die Wahlmöglichkeiten des Kindes einschränken. Das schafft Konflikte. Wenn jedoch sowohl die Eltern, als auch der Teenager in Ehre miteinander umgehen, die aus Liebe und Vertrauen besteht, werden ihre Entscheidungen nicht von Angst beherrscht sein.

Von der Art und Weise, wie wir uns anziehen bis hin zu unserem Musikgeschmack, ob wir Alkohol trinken oder nicht, ob wir deutsch oder eine Christensprache sprechen oder ob die Geistesgaben heute noch relevant sind – Tatsache ist, dass Freiheit immer auch unsere Unterschiede ans Licht bringt und in einer Gemeinschaft zu Reibungen führen wird.

Wenn an unserer Weltanschauung gerüttelt wird, läutet in unserer Amygdala die Alarmglocke und bringt in uns oft das schlechteste Benehmen anderen gegenüber hervor.

Die Frage ist, ob wir es zulassen, dass Ehre uns durch

den Konflikt steuert, wenn er entsteht. Konflikte sind nichts grundsätzlich Schlechtes. Wenn Konflikte verschwinden, verschwindet höchstwahrscheinlich auch das Leben. Manchmal denken wir, dass Friede die Abwesenheit von Konflikten ist, doch wahrer Friede ist immer die Folge eines Sieges. Und ich kann mir keinen Sieg vorstellen, dem nicht ein Kampf vorausgegangen ist.

Gedankenanstöße

Würdest du dich selbst als jemand bezeichnen, der Konflikte gerne vermeidet? Unabhängig davon, ob du es tust oder nicht, hast du schon einmal das Thema Konflikt in diesem Licht gesehen? Welche Anwendungsmöglichkeiten fallen dir spontan zu dem ein, was du soeben über Angst und Liebe gelernt hast?

....

....

....

Wie wurde dir in deiner Familie oder Gemeinde wahre Liebe (in Ehre und Vertrauen) vorgelebt? Hast du erlebt, dass sie die Angst nimmt? Vergiss nicht, dass sich Angst auf vielfältige Art und Weise ausdrückt, von einem heftigen Gegenangriff bis hin zu passivem Widerstand und von einer panischen Flucht hin zu einem stillen Rückzug.

....

....

....

Was ist bezüglich Angst deine persönliche Herausforderung? Jeder Mensch ist anders. Das Wichtige ist einfach, dass du es Gott erlaubst, dich durch Seine Liebe zu verändern.

....

....

....

Meditation

Nimm dir etwas Zeit, um zu lesen, wie Johannes die Liebe noch beschreibt und zeigt, wie sie Angst ersetzen und Beziehungen erneuern kann. Denke über folgende Verse nach und behalte dabei im Hinterkopf, was du soeben gelesen hast:

Geliebte, wenn Gott uns so geliebt hat, sind auch wir schuldig, einander zu lieben. Niemand hat Gott jemals gesehen. Wenn wir einander lieben, bleibt Gott in uns, und seine Liebe ist in uns vollendet. Hieran erkennen wir, dass wir in ihm bleiben und er in uns, dass er uns von seinem Geist gegeben hat. Und wir haben gesehen und bezeugen, dass der Vater den Sohn gesandt hat als Retter der Welt. Wer bekennt, dass Jesus der Sohn Gottes ist, in dem bleibt Gott und er in Gott. Und wir haben erkannt und geglaubt die Liebe, die Gott zu uns hat. Gott ist Liebe, und wer in der Liebe bleibt, bleibt in Gott und Gott bleibt in ihm. Hierin ist die Liebe bei uns vollendet worden, dass wir Freimütigkeit haben am Tag des Gerichts, denn wie er ist, sind auch wir in dieser Welt. Furcht ist nicht in der Liebe, sondern die vollkommene Liebe treibt die Furcht aus, denn die Furcht hat es mit Strafe zu tun. Wer sich aber fürchtet, ist nicht vollendet in der Liebe. Wir lieben, weil er uns zuerst geliebt hat. Wenn jemand sagt: Ich liebe Gott, und hasst seinen Bruder, ist er ein Lügner. Denn wer seinen Bruder nicht liebt, den er gesehen hat, kann nicht Gott lieben, den er nicht gesehen hat. Und dieses Gebot haben wir von ihm, dass, wer Gott liebt, auch seinen Bruder lieben soll. (1. Johannes 4,11-21)

Kapitel 19

MEHR ALS KOPFWISSEN

BANNING LIEBSCHER

Der Apostel Paulus betete, dass wir *„die Liebe des Christus … erkennen, die doch alle Erkenntnis* übersteigt … “ (Epheser 3,19; Schlachter Bibel) und der Vers schließt mit dem Wunsch: *„damit ihr erfüllt werdet bis zur ganzen Fülle Gottes“*.

Erfahrung ist der Schlüssel zur Fülle, denn aus ihr wird Offenbarung geboren. Ohne Wissen durch Offenbarung, die kommt, wenn wir Dinge erleben, begrenzt sich unser Handeln auf theoretische Informationen. Die meisten Christen haben das richtige Kopfwissen. Wenn ich fragen würde: „Glaubst du, dass Jesus dich liebt?“, würden im Großteil aller Gemeinden sicherlich 99 % der Menschen mit einem ehrlichen Ja antworten. Allein die Tatsache, dass du dieses Buch liest, sagt mir, dass du wahrscheinlich daran glaubst, dass Jesus dich liebt. Doch handelst du aus reinem Kopfwissen heraus oder hast du eine Offenbarung darüber?

Als sich Evander Holyfield, ein ehemaliger Boxmeister im Schwergewicht, auf dem Höhepunkt seiner Karriere befand, sah ich mir sehr gerne seine Boxkämpfe an. Nach nur einigen Kämpfen, die ich mir ansah, war mir klar, dass er wirklich *fest zuschlägt*. Meine Beobachtung wurde bestätigt, als ich Artikel über seiner Kämpfe las und zuhörte, wie die Kommentatoren seinen Boxstil beschrieben. Außerdem hörte ich mir an, was die anderen Kämpfer im Interview über ihre Erfahrung im Ring mit Holyfield zu sagen hatten. Würdest du mich fragen:

„Schlägt Evander Holyfield hart zu?", könnte ich aus vollster Überzeugung antworten: „Ja, Evander Holyfield schlägt hart zu." Doch so überzeugt und wahr so eine Antwort auch sein mag, basiert sie doch nur auf Informationen. Es wird erst zu einer *persönlichen Offenbarung*, wenn ich die Boxschuhe schnüre, die Boxhandschuhe anziehe und mit Holyfield selbst in den Ring steige. Nach etwa fünf Sekunden der ersten Runde, wenn Holyfields Faust mit meinem Wangenknochen in Verbindung tritt, meine Knie einknicken und Vögelchen um meinen Kopf kreisen, wird sich mir in genau *diesem* Moment offenbaren: „Evander Holyfield schlägt hart zu!" Es ist genau die gleiche Antwort, die ich auch vorher gegeben hätte, doch nun gründet sie sich auf einer Offenbarung und nicht auf bloßen Informationen. Ich hätte dann nicht nur darüber gelesen, wie hart er zuschlägt; ich hätte es selbst erlebt!

Zu viele Menschen geben sich damit zufrieden, ein Leben voller Informationen anstatt aus Offenbarung zu leben. Doch Wissen alleine wird in dir niemals die bleibende Flamme entfachen, Jesus leidenschaftlich zu lieben. Nur Offenbarung kann dies tun. Vergiss nicht, dass Epheser 3,19 sagt, dass die Offenbarung, die durch das Erleben kommt, der Schlüssel zur Fülle ist.

Das griechische Wort, das mit Fülle übersetzt wird,

bezieht sich auf ein mit Waren und Seglern beladenes Schiff. Ein Schiff kann seetauglich sein und sich auf die Reise zu einem bestimmten Ziel befinden, doch wenn du an Bord nicht die Ladung und Manneskraft hast, die es braucht, um das Schiff dorthin zu segeln, bringt es dich nicht weiter. Das gleiche gilt für uns, wenn wir zwar Informationen haben, doch weder Offenbarung, noch tatsächliche Erlebnisse, die die Gottes Fülle in unser Leben bringen.

Die Offenbarung dieser verschwenderischen Liebe wird dich näher an Gottes Herz ziehen, weil du dich danach sehnen wirst, mit Ihm zusammen zu sein. Ein Pfarrer zu Zeiten des Bürgerkriegs – und ein wahrer Gebetskämpfer – E.M. Bounds schrieb über Menschen, die der Liebe des Vaters begegnet waren. Er sagte: „Sie verbringen viel Zeit im Gebet, nicht etwa, weil sie den Schatten auf dem Ziffernblatt oder den Arm der Uhr beobachten, sondern weil es für sie so eine bedeutsame und fesselnde Angelegenheit ist, dass sie kaum damit aufhören können.“[5]

Jesus sagte folgendes zu Seinen Jüngern: „*Wie der Vater mich geliebt hat, habe auch ich euch geliebt. Bleibt in meiner Liebe!*“ (Johannes 15,9). Was für eine überwältigende Aussage. Jesus sagte hiermit, dass Er uns genauso liebt, wie Gott der Vater Ihn liebt. Es gibt keine größere Liebe als diese. Anschließend forderte er uns auf, in dieser Liebe zu *bleiben*.

Er sagte nicht, wir sollen versuchen, die Liebe wiederherzustellen, die wir hatten, als wir frisch errettet wurden und dann in unserer Liebe zu Ihm bleiben, sondern wir sollen lernen, in *Seiner Liebe zu uns* zu bleiben. Was Er uns letztendlich damit sagen wollte, ist: „Meine Liebe für dich ist so verschwenderisch. Deine ‚ersten Werke‘ sollten sein, dass du ein Leben in Verbindung mit Meiner maßlos gro-

---

5 E.M. Bounds, *Power Through Prayer* (Springdale, PA: Whitaker House, 1982), 42.

ßen Liebe leben lernst." Jeden Tag haben wir die Möglichkeit, in der extremsten, begeistertsten, übertriebensten, wildesten und überwältigendsten Liebe, die man sich nur vorstellen kann, zu bleiben. Während wir dies erfahren, werden wir Ihn ganz automatisch verschwenderisch zurück lieben.

Gedankenanstöße

Überleg dir ein bis zwei Informationen, die du nicht aus erster Hand weißt (ähnlich wie das Holyfield Beispiel). Was wäre nötig, damit diese Information ein Offenbarungserlebnis wird?

....

....

....

Überleg dir nun ein bis zwei Informationen über Gott, die du nicht aus einem eigenen Offenbarungserlebnis kennst. Hättest du dieses Wissen gerne aus erster Hand, anhand einer persönlichen Begegnung? Fasse deinen Wunsch in eigene Worte und erzähle es Ihm.

....

....

....

Wie reagieren wir auf eine fortwährende Offenbarung der Liebe Gottes? Kennst du diese Liebe als Information oder hast du eine Offenbarung über sie?

....

....

....

Meditation

Zuerst erlebst du Gottes Liebe und dann folgt deine liebevolle Antwort. Es ist ein Kreislauf. Dein Verlangen nach Ihm kann wirklich immer nur eine Antwort auf Seine „Liebesbeweise“ sein, wie Jesus verkündete: *„Niemand kann zu mir kommen, wenn nicht der Vater, der mich gesandt hat, ihn zieht …“* (Johannes 6,44). Du machst dich also auf die Suche nach Gott, weil Er in dir zuerst die Offenbarung entfacht hat, dass Er sich um dich bemüht. Offenbarung 3,20 sagt: *„Siehe, ich stehe an der Tür und klopfe an …“*. Jesus ist derjenige, der klopfend an der Tür steht. Du hast nicht Jesus gefunden; er hat dich gefunden. Er war nicht verloren, sondern du.

Noch wichtiger ist, dass Gottes Kampf, dein Herz zu erobern, nicht mit deiner Errettung zu Ende ist. Er bemüht sich auch heute noch um dich. Kannst du hören, wie Er gerade jetzt an deinem Herzen anklopft? Wie wirst du darauf reagieren?

Kapitel 20

GOTT KENNEN

JUDY FRANKLIN

Eine Beziehung wird definiert als eine Verbindung, ein Verhalten oder Gefühle einer anderen Person gegenüber – eine Freundschaft. Dies ist die Art von Beziehung, die Gott mit dir haben möchte. Wir können niemanden wirklich kennen, wenn wir lediglich ein Buch über ihn oder sie lesen. Um eine Beziehung zu haben, müssen wir mit dieser Person in Verbindung stehen und mit ihr interagieren.

Eines Tages sprach der Herr zu mir. Er sagte einfach nur: „Ronald Reagan" (unser Präsident zu der Zeit). Das war alles, was er sagte. Ich wartete, doch es kam nichts mehr.

Also sagte ich: „Ja, er ist unser Präsident."

Dann sprach Gott: „Du kannst jeden Tag etwas über ihn lesen."

„Ja, ich kann in Zeitschriften und Büchern etwas über ihn lesen", antwortete ich.

Er sagte: „Du kannst jeden Tag etwas über ihn hören."

Ist doch klar, dachte ich, *dass ich etwas über ihn hören kann;*

zum Beispiel im Fernsehen, im Radio oder sogar in Gesprächen mit Leuten, die gerne über ihn oder das, was er tut, diskutieren.

Er fuhr fort: „Und das, was er tut, hat Einfluss auf dich."

„Oh ja, er unterschreibt Entwürfe und Gesetze, die mein Leben beeinflussen."

Dann fragte er mich: „Wie gut kennst du ihn?"

Wow! Dieses Privileg fehlte mir völlig. Ich kannte Ronald Reagan kein bisschen. Ich wusste nur etwas über ihn.

Der Herr sprach zu mir: „Du kannst jeden Tag etwas über Mich lesen."

„Ja", antwortete ich, „in der Bibel und in verschiedenen Büchern."

Er sprach weiter: „Du kannst jeden Tag etwas über mich hören."

Und wieder gab ich zu: „Ja, im Fernsehen, im Radio und in der Gemeinde."

Daraufhin sagte der Herr: „Was ich tue hat Einfluss auf dich."

„Das stimmt." Ich wusste, worauf Er hinauswollte.

Schließlich fragte der Herr mich: „Wie gut kennst du mich?"

Mir wurde klar, dass ich Dinge über Ihn wusste, ich ihn aber nicht auf persönlicher Ebene kannte. Er möchte, dass wir Ihn kennen. Sein Sohn sagte:

> *Ich nenne euch nicht mehr Sklaven, denn der Sklave weiß nicht, was sein Herr tut; euch aber habe ich Freunde genannt, weil ich alles, was ich von meinem Vater gehört, euch kundgetan habe. (Johannes 15,15)*

Der Herr nennt uns Freunde. Es braucht mehr, als nur über eine Person zu lesen, zu hören oder von ihr beeinflusst zu werden, um Freund genannt zu werden. Der Himmel ist bereit für eine neue Freundschaftsebene. Es ist ein Geheimnis. Wie können wir mit dem Gott des Universums, dem Gott der Ewigkeit und dem Gott aller Kraft und Macht befreundet sein? Jesus sagte:

> *Euch ist es von Gott gegeben, die Geheimnisse seines Reiches zu verstehen; den Übrigen jedoch werden sie nur in Gleichnissen verkündet. Denn ›sie sollen sehen und doch nicht sehen, sie sollen hören und doch nichts verstehen.‹ (Lukas 8,10; NGÜ)*

Ich will nicht einfach nur jemand sein, der die Gleichnisse kennt. Ich will die Geheimnisse kennen. Du etwa nicht?

In dieser Freundschaft entstehen Visionen, die unsere natürliche Welt mit Seiner geistlichen Sphäre verbinden. Diese Visionen lassen uns nicht nur die pure Liebe erleben, sondern führen uns auch in eine enge Verbindung mit Gott.

Diese Erlebnisse mit Gott werden automatisch Hindernisse aus dem Weg räumen, damit wir mehr von ihm empfangen, über ihn lernen, geheilt und wiederhergestellt werden und Ihm nahe sein können. Indem du Seine reine Liebe erlebst, wird dir klar, dass du bereits auf den Weg deiner Bestimmung gehst.

Ich habe einmal ein Zitat von Dietrich Bonhoeffer, einem deutschen Theologen, der im Zweiten Weltkrieg von den Nazis hingerichtet wurde, gelesen: „Wahrheit, die von Erlebnissen getrennt ist, wird immer mit Zweifeln behaftet bleiben“. Denk einmal darüber nach. Wahrheit ohne das Erleben kann einen Dorn des Zweifels in deine Gedanken treiben. Du magst vielleicht durch die Bibel wissen, dass Gott Mensch heilen kann und es auch gerne tut, weil du gelesen hast, dass Jesus jeden Menschen heilte, der zu ihm kam. Und dennoch kämpfst du vielleicht mit dem Gedanken, dass Gott nicht heilen möchte, weil du es nie gesehen oder erlebt hast, dass du selbst oder jemand anders geheilt wurde, für den du gebetet hast.

Es ist wichtig, dass du deine eigenen Erfahrungen mit Gott machst. Unser Gott ist ein liebender Gott. Er ist freundlich und möchte eine vertraute Beziehung mit uns führen.

Gedankenanstöße

Wenn du deine Beziehung zu Gott mit der Tiefe deiner tatsächlichen Beziehung zu einem Menschen (vielleicht sogar eine berühmte Persönlichkeit) vergleichst, wie unterscheiden sie sich? Fällt dir eine Person ein, mit der du ungefähr genauso viel Gemeinschaft hast, wie mit Gott? Würdest du diese Person gerne näher kennen? Und hieran anknüpfend wärst du gerne näher bei Gott?

....

....

....

Bist du mit der Tiefe deiner Freundschaft zu Gott zufrieden? Was muss sich ändern, damit sie besser wird? Wie kannst du dich neu ausrichten, damit diese Beziehung wachsen kann?

....

....

....

Kennst du jemanden, der wirklich „per Du“ mit Gott ist? Bist du selbst einer von ihnen?

....

....

....

Meditation

Lass dich nicht entmutigen, wenn du bemerkst, wie fern du eigentlich von Gott bist, selbst wenn du weißt, dass du Ihn liebst. Richte stattdessen deinen Blick auf Ihn, wie eine Sonnenblume ihr Gesicht der Sonne zuwendet, sich an den Strahlen wärmt und ihr dankend zunickt. Bitte Gott, einen weiteren Stein in der Mauer zwischen dir und Ihm wegzunehmen. Bitte ihn, dass Er dir zeigt, wie du mit Ihm gemeinsame Sache machen kannst.

Noch wichtiger ist, dass du ihn bittest, Sich dir auf eine neue Art und Weise zu zeigen und dein Herz durch Seine liebende Zuwendung zum Schmelzen zu bringen.

Kapitel 21

DIE KRAFT SEINER GEGENWART

Chris Overstreet

In der Gegenwart Gottes zu leben bedeutet, die Zuneigung unseres Herzens immer auf den Himmel gerichtet zu lassen. Wenn die Gegenwart Gottes auf ganz gewöhnlichen Leuten ruht, verändert dies auch das Umfeld, in dem sie leben. Wir werden zu Trägern Gottes und Seines Königreichs und können den Menschen dadurch Gottes Liebe zeigen und Sein Königreich sichtbar werden lassen. Ein wichtiger Schlüssel, um im Übernatürlichen zu leben, ist, dass wir lernen, ständig von Seiner Gegenwart erfüllt zu sein.

Unsere Teams fragen oft die Menschen, denen sie begegnen, ob sie jemals die Gegenwart Gottes gespürt oder erlebt haben. In einem bestimmten Fall, wurde ein junger Mann dies in einem Park gefragt und er verneinte. Das Team fragte ihn, ob er es gerne einmal erleben wolle und er bejahte. Sie baten ihn, seine Hände auszustrecken. Es tat es und eine Person aus dem Team betete, dass er den Heiligen Geist spüren möge. Er fing an, die Gegenwart Gottes auf sich zu spüren, was er als eine Kühle und ein Kitzeln beschrieb, das durch seinen Körper lief. Nachdem er die Gegenwart Gottes erlebt hatte, fragten sie ihn, ob er nicht Jesus in sein Herz aufnehmen wolle. Ohne zu zögern kam das Ja. Das ist übernatürliche Evangelisation!

Es ist nicht nur ein Vorschlag an uns, ein Leben voller Zeichen und Wunder zu führen, sondern ein himmlischer Auftrag. Wenn wir die Gegenwart Gottes tragen, wird sich die gewaltige Kraft Gottes zeigen.

Zeichen und Wunder machen die Menschen auf Jesus aufmerksam.

Paulus schrieb über sich und die anderen Jünger:

> *„... denn unser Evangelium erging an euch nicht im Wort allein, sondern auch in Kraft und im Heiligen Geist und in großer Gewissheit; ihr wisst ja, als was für Leute wir um euretwillen unter euch auftraten." (1.Thessalonicher 1,5)*

Wir sind dazu bestimmt, in unserem Leben das gleiche Zusammenspiel von Wort und Kraft zu demonstrieren.

Eines Tages fuhr ich zum Flughafen in Sacramento, um dort einen Freund abzuholen. Auf dem Weg dorthin traf ich auf eine Gruppe von Frauen, denen ich von der Liebe Gottes erzählte. Zu meinem Erstaunen kam zehn Minuten später eine junge Frau aus dieser Gruppe zu mir herüber und fragte mich, ob ich für sie beten könne. Sofort antwortete ich: „Natürlich, wofür darf ich denn beten?"

Sie erzählte mir: „Meine Geliebte hat mich erst kürzlich verlassen und man hat mir meine Kinder weggenommen." Dann erklärte sie, dass sie einen lesbischen Lebensstil führte. Ich sprach ihr zu, dass Jesus sie liebte und dass Er einen Plan für ihr Leben hatte. Ich versicherte ihr, dass Jesus ihr Leben von Grund auf verändern konnte. Als ich diese Worte sprach und sie mitten ins Herz trafen, fing die Atmosphäre um uns herum langsam an, sich zu verändern. Wahrscheinlich hatte sie erwartet, dass ich ihr sagte, dass sie eine Sünderin war. Doch nachdem ich ihr die Liebe des Vaters erklärt hatte, begann ihr Herz zu schmelzen.

Ich fragte sie: „Würden Sie gerne Jesus in dein Herz aufnehmen und Vergebung für deine Sünden empfangen?“ Sie bejahte! Also leitete ich sie im Gebet, um Jesus in ihr Herz zu empfangen und bat Jesus, ihr alle Sünden zu vergeben.

Nachdem ich mit ihr gebetet hatte, fragte ich sie, ob es in Ordnung sei, wenn ich meine Hand auf ihren Kopf legte und dort im Flughafengebäude für sie betete. Sie war einverstanden. Ich wollte sichergehen: „Sind Sie bereit?“ Ihre Antwort war Ja. Ich hakte noch einmal nach: „Sind Sie sicher?“ Und wieder bejahte sie. Als ich ihr diese letzte Frage stellte, spürte ich die Kraft Gottes über mich kommen. Ich fühlte, wie in meinem Herzen Glaube aufstieg und die Kraft Gottes, die sich nahte, um das Leben dieser jungen Frau vollständig zu verändern. Als ich meine Hand auf ihren Kopf legte und anfing zu beten, fiel sie mitten im Flughafen unter der Kraft Gottes einfach nieder!

Während sie dort auf dem Boden lag, versammelten sich immer mehr Menschen um uns und fragten, ob alles in Ordnung sei. Sie boten an, den Notruf zu tätigen. Doch ich beruhigte sie: „Nein Danke, es ist alles in Ordnung. Sie hat gerade eine Begegnung mit Gott.“ Zwei oder drei weitere Menschen kamen herbei und fragten mich, ob sie die 911 rufen sollten. Einer von ihnen war Polizist.

Der Herr, der als letztes kam, fragte mich ebenfalls, was los sei und ich erklärte ihm, dass sie gerade eine Begegnung mit Gott hatte. Er brach in ein verächtliches Gelächter aus. Kurz darauf setzte sie sich auf und sagte: „Lass ihn lachen, er versteht nicht, was ich gerade erlebt habe.“

Ich fragte: „Was hast du gespürt, als ich meine Hand auf deinen Kopf legte?" Sie antwortete: „Ich habe gespürt, wie Feuer mich durchströmte." Sie erzählte mir, dass sie geplant hatte, an genau diesem Abend nach Hause zu gehen und sich umzubringen. Doch durch diese Begegnung mit Gott hatte sie neue Hoffnung für ihr Leben gefunden.

Wenn sich die rettende Kraft Gottes zeigt, bringt sie die Menschen an einen Punkt der Entscheidung. Jesus gab den Staffelstab, Gottes Kraft zu manifestieren und die Werke des Teufels zu zerstören, im Missionsbefehl an Seine Jünger weiter. Wir sind Seine Jünger und diese Zeichen werden denen folgen, die glauben:

> *Und als er seine zwölf Jünger herangerufen hatte, gab er ihnen Vollmacht über unreine Geister, sie auszutreiben und jede Krankheit und jedes Gebrechen zu heilen. (Matthäus 10,1)*

Gedankenanstöße

Wann hast du zuletzt die Kraft Gottes erlebt? Warst du derjenige, der sie weitergegeben hat, oder hast du sie empfangen?

....

....

....

Warst du schon einmal in einer Situation (vielleicht auch bei deiner eigenen Bekehrung), in der die Kraft Gottes jemandem zur Errettung geführt hat? Wärst du gerne in Zukunft in solchen Situationen? Was macht diesen Gedanken so attraktiv? Was macht ihn auch ein wenig beängstigend?

....

....

....

Was bedeutet es, die Gegenwart Gottes zu „tragen“?

....

....

....

Meditation

Nimm dir in diesem Moment einmal Zeit, alleine mit Gott zu sein. Ruhe einfach in Seiner Gegenwart. Lass deine Gedanken fallen, richte die Zuneigung deines Herzen ganz auf Seine Gegenwart und erlaube ihm, zu dir zu sprechen. Bitte ihn, dir zu zeigen, wie Er dich durch Seine Liebe sieht. Tanke in Seiner Gegenwart den Mut, übernatürliche Begegnungen zu anderen Menschen zu bringen, wie Er dich führt.

Du bist eine wandelnde Begegnung mit der kraftvollen, lebendigen Gegenwart Gottes.

Kapitel 22

SIEH AUF DIE FRUCHT!

ERIC JOHNSON

Wenn du einen Apfel isst, dann isst du die Frucht eines Apfelbaumes. Einen geistlichen Durchbruch oder Sieg kann man auch als Frucht bezeichnen. Eine Frucht ist nicht das gleiche wie ein Bericht, denn ein Bericht ist eine Berechnung der tatsachenbezogenen Realität einer Situation.

Oft erhalten wir gleichzeitig sowohl den Bericht über eine Realität, als auch die Frucht. Zum Beispiel sehen wir seit einigen Jahren in der Bethel Church erhebliche Durchbrüche, was körperliche Heilung betrifft. Eine Krankheit, die wir ganz besonders in Angriff nehmen, ist Krebs. Wir haben unsere Stadt sogar zu einer „krebsfreien Zone" erklärt.

Am Anfang des Bestrebens, eine krebsfreie Zone zu schaffen, hat unsere Gemeinschaft von Gläubigen nicht so viele Wunder erlebt, wie wir es jetzt tun. Wir hatten in diesem Prozess viele Rückschläge, aber auch großartige Erfolge. Doch vor langer Zeit haben wir beschlossen, immer auf die Frucht zu schauen und es nicht zuzulassen, dass die Tatsache, dass Krebs vorhanden ist, unser Handeln bestimmt. In anderen Worten: Wir richten unseren Blick immer auf das, was Gott tut und lassen uns nicht von den Dingen ablenken, die wir noch nicht sehen.

Anstatt auf die „Riesen im Land" (hier: die Stärke des Krebses) zu sehen, haben wir uns entschieden, uns auf die Frucht zu konzentrieren; die Frucht ist eine Einladung an uns, das Land zu besitzen, aus dem sie kam.

Während wir manche Kämpfe an den Krebs verloren haben, wurden andere Menschen wiederum von Krebs geheilt. Trotz dieser Spannung weigern wir uns, dem Bericht und der Frucht den gleichen Wert zuzuschreiben.

Es schwächt uns, wenn wir tendenziell versuchen, mit dem Problem zurechtzukommen, als eine deutliche Haltung dagegen einzunehmen. Die Erfahrung hat uns gelehrt: Wenn wir uns einem Problem lange genug anpassen, dann wird es zu unserer Identität und wir haben immer weniger Ambitionen, es zu besiegen. Schließlich vergessen wir, dass wir das Problem überhaupt haben. Wir werden immun dagegen. Wir gewöhnen uns daran. Es wird normal für uns.

Das passiert selten von einem Tag auf den anderen. Normalerweise geschieht es im Laufe der Zeit. Wenn wir dies verhindern wollen, müssen wir die Verantwortung übernehmen, mit der Frucht richtig umzugehen, sobald sie erscheint. Wir müssen sogleich unsere Neigungen und Einstellungen anpassen.

Gott zeigt uns die Frucht, damit wir in eine Realität des Königreichs hineingelockt werden und dort jederzeit diese Frucht pflücken können. Wenn wir jederzeit von der Frucht essen können, wissen wir, dass wir das Gelobte Land besitzen. Als das Volk Israel die Frucht des Landes sah, hatten sie die Möglichkeit zu glauben, dass Gott ihnen dort ein Zuhause geben wollte, damit sie davon essen konnten, wann immer sie wollten. Stattdessen trafen die Israeliten die Entscheidung, sich von der schlechten Nachricht abschrecken zu lassen.

In den Augen der Israeliten war der Bericht gewichtiger als die Weintrauben, die mitgebracht wurden. Sie bemerkten nicht, dass sie die Frucht ganz übersahen. Doch warum haben sie die Frucht übersehen? Ein Grund dafür ist ihre Erwartung, nur in das Land hineinspazieren zu müssen, um es zu besetzen. Sie verstanden nicht, dass sie darum ringen und kämpfen mussten. Den Israeliten war auch nicht bewusst, dass sie erst einige Siege erringen mussten, um das Land besitzen zu können.

Wir sind ganz genauso. Wir werden schnell entmutigt, wenn sich unsere anfängliche Erwartung, wie die Dinge laufen sollen, nicht erfüllt. Also verlangsamen wir die Fahrt oder bleiben auf unserem Weg gänzlich stehen.

Es muss nicht so laufen. Ich persönlich kenne einige Leute, die im geistlichen Sinne das „Gelobte Land" besitzen. Manche besitzen finanzielles Land und alles, woran sie sich beteiligen, läuft finanziell gut für sie. Sie haben es zugelassen, dass die Frucht dieses Landes sie dazu gebracht hat, es zu besitzen.

Bei anderen ist es Autorität über Krankheit; sie haben bei der Heilung bestimmter Krankheiten und Leiden eine sehr hohe Erfolgsquote. Sie haben es zugelassen, dass sie die Frucht an einen Ort der Autorität über Krankheiten und Leiden geführt hat.

Die meisten von ihnen haben diese Autorität nicht von einem Moment auf den anderen erhalten. Bei vielen begann es entweder mit einem kleinen Durchbruch oder sie hörten das Zeugnis eines Durchbruchs. Die Frucht war vielleicht so klein wie eine Weintraube oder hatte die Größe einer Wassermelone. Ganz egal welche Größe sie hatte, es war trotzdem eine Frucht. Oftmals haben wir eine ganz bestimmte Vorstellung, wie der Durchbruch aussehen muss und wenn wir nicht sehen, dass es in dem Maße geschieht, wie wir es erwartet haben, übersehen wir leicht, was eigentlich der Schlüssel zu einem größeren Durchbruch ist. Wir müssen lernen, die Frucht zu erkennen, egal wie groß oder klein sie auch ist.

Wie beginnen wir also einen Lebensstil, der sich an der Frucht orientiert und nicht an der Realität? Zuerst müssen wir einen Appetit für Frucht entwickeln. Nach genau diesen Dingen müssen wir hungrig werden. Wenn wir dann hungrig sind, fangen wir an, unsere Neigungen, Handlungen und Aufmerksamkeit darauf auszurichten, mehr Frucht zu erzielen. Wir treffen Entscheidungen und leben mit der ständigen Bemühung, den Himmel auf die Erde zu bringen.

Gottes Absicht ist es, dass wir immer diese Frucht genießen können. Viele Christen tendieren zu der Meinung, dass wir nur für einen einzelnen Moment die Frucht genießen sollten. Was wir dabei nicht verstehen ist, dass es ein Lockmittel ist, um uns noch tiefer an die Quelle zu führen.

Gedankenanstöße

Nenne ein „Gelobtes Land" deines Lebens. Wie nahe bist du dran, es zu besitzen? Was kannst du tun, um das Erreichen deines Ziels anzukurbeln? Worauf möchtest du deinen Fokus setzen – auf die Durchbrüche und die Frucht oder die entmutigende Realität der Situation?

....

....

....

Nenne eine spezielle Frucht in deinem eigenen Leben, egal, ob sie die Größe einer Weintraube oder die einer Wassermelone hat. Was hast du mit dieser Frucht gemacht? Was kannst du mit dieser Frucht anfangen, jetzt wo du von einem Lebenstil gehört hast, der sich an der Frucht orientiert?

....

....

....

Meditation

Psalm 68,20 verheißt uns: „*Tag für Tag trägt er unsere Last;*" (NGÜ). Gottes Wunsch ist, dass wir immer von der „Frucht essen". Und trotzdem wundern wir uns oft, warum Gott uns nicht einfach alles gibt, was wir brauchen, damit wir für all dies nicht immer erst kämpfen müssen. Doch wenn wir für etwas einen Preis bezahlen müssen, schätzen wir es auch mehr. Dann haben wir nicht nur die Möglichkeit, die Frucht jederzeit zu nehmen, sondern auch die Autorität, sie zu verwalten.

Beginne damit, indem du die Frucht erkennst, die sich gerade jetzt in deinem Leben zeigt. Entscheide dich, dass du auf das Land aus bist, aus dem sie kam und dass du es nicht zulassen wirst, dass irgendeine schlechte Nachricht oder irgendwelche Riesen dich vom Kurs abbringen. Gib Gott die Erlaubnis, dich auf eine Reise durch das Land der Riesen mitzunehmen, damit du das Grundstück mit all diesen Obstbäumen besitzen kannst.

Kapitel 23

HERRLICHKEIT!

Paul Manwaring

Ich bezweifle, dass es ein besseres Wort gibt als *Herrlichkeit* – außer Gott Selbst. Es drückt die Gesamtheit Seines Wesens am besten aus; sie ist die Art und Weise, wie Er sich seit Beginn der Zeit offenbarte. Als ich mich mit dem Thema Herrlichkeit etwas näher beschäftigte, lernte ich mehr über die Einheit, die Gott in Sich trägt und das Zusammenspiel all der Dinge, die Er ist und tut. Ich gehe davon aus, dass wenn die Erkenntnis über die Herrlichkeit des Herrn die Erde bedeckt, Kategorien wie „heilig/säkular" und „natürlich/übernatürlich" immer weniger als etwas Gegensätzliches angesehen werden. Unser Leben wird aus dem Zusammenwirken dieser Dinge fließen und die Herrlichkeit Gottes widerspiegeln.

Der großartige Plan Gottes ist, dass wir Seine Herrlichkeit tragen. Ja, Christus ist das Zentrum dieses Plans, doch indem Gott, Christus in das Zentrum gesetzt hat, hat Gott auch uns in das Zentrum gerückt, weil Er in uns ist und wir in Ihm. Als Sein Leib spiegeln wir Sein gewaltiges, unergründliches Wesen wider, denn in jedem Bereich unseres Lebens und in all unseren Beziehungen bringen wir persönlich Seine Herrlichkeit zum Ausdruck. Ich denke oft darüber nach, dass Seine Stimme wie das Rauschen großer Wasser ist, und überlege mir, dass Sein Ohr wahrscheinlich in der Lage ist, jeden einzelnen Tropfen zu hören, der über die Niagarafälle fließt. Dieses Ohr und das damit verbundene Herz können gleichzeitig den Ruf eines Opfers und den eines Verbrechers hören. Solche unbequemen Gedanken und Emotionen können uns entweder herausfordern oder aber dazu führen, dass wir eine extreme Haltung in eine der beiden Richtungen einnehmen.

Doch je mehr wir über Gottes Herrlichkeit als ein Ausdruck Seines Wesens lernen, desto mehr eröffnen sich in uns Wege, auf denen uns ihre vielen Facetten in ein noch tieferes Verständnis Seiner Großartigkeit führen und wir diese besser widerspiegeln können. Dies führt letztendlich zu einem Leben voller Wunder, Freude und Anbetung – einem Leben voller Herrlichkeit.

Die ganze Bibel ist erfüllt von der Herrlichkeit Gottes. Doch wie so viele der großartigen, wertvollen Worte der Bibel, erscheint Herrlichkeit oft als etwas Abstraktes und lässt sich nicht so einfach mit unserem Verständnis und unseren Erlebnissen verbinden. Außerdem beschwört der Begriff oft Bilder in uns herauf – zum Beispiel Kronen oder heldenhafte Taten – die uns nicht gerade helfen, die eigentliche Bedeutung dessen zu verstehen, was der Bibelvers mit dem Wort meint.

„Denn die Erde wird erfüllt werden von der Erkenntnis der Herrlichkeit des HERRN, gleichwie die Wasser den Meeresgrund bedecken.“ (Habakuk 2,14; Schlachter Bibel).

Interessanterweise wird dieser Vers oft falsch zitiert, indem einfach das Wort *Erkenntnis* ausgelassen wird. Diese Auslassung erweckt in uns ein Bild davon, dass die Erde zunehmend von einer Art himmlischem Dunst bedeckt wird und schließlich den Planeten in leuchtendes Gold einhüllt. So wundervoll diese Vorstellung auch sein mag, so führt sie womöglich dazu, dass wir immer darauf warten, dass irgendwo völlig unabhängig von uns die Herrlichkeit erscheint. Dies lenkt uns von der kraftvollen Einladung in diesem Vers ab – nämlich die Einladung, zu *erkennen*, was Herrlichkeit ist und schließlich in einer Welt zu leben, in der jeder Mensch diese Erkenntnis teilt.

Es gibt einen weiteren Grund dafür, dass wir es uns nicht leisten können, im Versprechen von Habakuk das Wort *Erkenntnis* einfach wegzulassen. Der Vers würde dann nämlich bedeuten, dass die Fülle der Herrlichkeit Gottes auf Erden anstatt einer momentanen Realität, nur ein zukünftiges Ereignis ist. Als der Prophet Jesaja den Herrn auf Seinem Thron sitzen sah, hörte er, wie die Engel ausriefen: „... *Die ganze Erde ist erfüllt mit seiner Herrlichkeit!*" (Jesaja 6,3). In Wahrheit ist Gottes Herrlichkeit uns nicht fern. Sie ist eigentlich die uns umgebende Wirklichkeit. Die ganze Geschichte der Menschheit und unsere Verfehlung, die Herrlichkeit Gottes zu erlangen hat sie trotzdem nicht geschmälert. Auch unser Scheitern sie wahrzunehmen hat dies nicht geschafft. Es ist uns unmöglich, Gottes Herrlichkeit aus dem Universum auszutilgen. C.S.Lewis schrieb: „Ein Mensch kann Gottes Herrlichkeit durch die Verweigerung seiner Anbetung genauso wenig schmälern, wie ein Wahnsinniger die Sonne ausschalten kann, indem er an die Wand seiner Zelle das Wort „Dunkelheit" kritzelt."[6]

Wenn wir nun die Vision Jesajas im Hinterkopf behal-

6 C.S.Lewis, *The Problem of Pain* (London: HarperCollins, 1964), 41.

ten, dass die Erde schon von Gottes Herrlichkeit erfüllt ist, dann ist die Prophetie Habakuks ein Versprechen von Gott, dass die Lücke zwischen der Tatsache, dass Seine Herrlichkeit im Universum schon jetzt wohnt und unserer Wahrnehmung dieser Herrlichkeit, geschlossen wird.

Die Fülle der Herrlichkeit Gottes ist proportional zu unserer Erkenntnis dieser Herrlichkeit.

Dadurch, dass wir in einer Welt des Internets und des modernen Viralmarketing leben, wird uns zunehmend bewusster, dass sich Erlebnisse sehr schnell miteinander teilen lassen. Mir gefällt der Gedanke, dass diese Technologie eine Art Gleichnis dafür ist, wie diese Multiplikation der Erkenntnis Gottes aussehen könnte. Ein Erlebnis auf Video oder durch eine Audioaufnahme festzuhalten und es mit der Welt zu teilen nimmt heutzutage kaum mehr Zeit und Mühe in Anspruch. Durch die Webseiten sozialer Netzwerke kann der Videoclip einer Person Millionen andere Menschen über Nacht erreichen. Eine Person kann über die Albernheiten eines kleinen Kindes lachen und mit einem Mausklick kann dieses Erlebnis in Sekunden an das Zuhause tausender Menschen rund um den Globus weitergegeben werden. Die Verbreitung von Informationen ist inzwischen Teil unseres alltäglichen Lebens.

Natürlich ist es zweitrangig, wie es geschieht, weil es darum geht, dass es geschieht. Uns wurde nicht nur versprochen, dass wir von dieser Herrlichkeit wissen werden, sondern, dass wir sie auch selbst erleben, in ihr leben und ihr begegnen werden. Da Gottes Herrlichkeit heute eine Realität ist, ist dies ein Versprechen, dass wir sie jetzt erleben dürfen.

Gedankenanstöße

Was kommt dir zuerst in den Sinn, wenn du an das Wort Herrlichkeit denkst? Wie kommst du zu dieser Auffassung des Wortes?

....

....

....

Hast du über Herrlichkeit schon einmal etwas gelesen? Hast du durch die Erzählungen anderer schon etwas darüber gelernt? Hast du auch schon eigene Erfahrungen damit gemacht? Wie hat sich deine Erkenntnis über die Herrlichkeit Gottes weiterentwickelt?

....

....

....

Wie hast du heute die Herrlichkeit Gottes erlebt?

....

....

....

Meditation

Wir wurden sowohl erschaffen, als auch erlöst, um wie Gott zu sein. Kein anderes Wesen der Schöpfung wurde dazu auserwählt, in Seinem Ebenbild zu sein. Daher trägt kein anderes Wesen der Schöpfung die gleiche Herrlichkeit wie wir. So wie Bill Johnson regelmäßig betont: „Es stimmt, dass Gott sagt, er teilt Seine Herrlichkeit mit keinem anderen. Doch wir sind kein anderer." Wir sind in Seinem Bild geschaffen – in Seinem herrlichen Bild! Wir sind Sein Leib, Seine Braut und Seine Kinder. Wir sind keine Thronräuber oder Bewerber dafür; wir sind Träger Seines Ebenbilds. Die Erkenntnis der Herrlichkeit Gottes im Angesicht Christi offenbart uns unsere eigene Herrlichkeit – die Herrlichkeit, die Er von Anfang an mit uns teilen wollte.

Bete weiterhin für eine größere Tiefe und Weite zu erkennen, was dies bedeutet.

Kapitel 24

Übernatürlich natürlich

Judy Franklin

Ist dir bewusst, was du mit deinem Geist in der geistlichen Welt erleben kannst? Du kannst tatsächlich mit deinen geistlichen Augen, Ohren und deiner Stimme innerlich sehen, hören und sprechen.

Für Leute, die gerne in die geistliche Welt sehen möchten, jedoch Probleme damit haben, ist diese Vorstellung oft nicht einfach. Zuerst müssen wir verstehen, dass es das gleiche ist, wie wenn wir vor unserem inneren Auge etwas sehen. Der Prophet Bob Jones gebraucht dafür den Begriff „geheiligte Vorstellung". Pastor Bill Johnson sagt: „Eine geheiligte Vorstellungskraft ist die perfekte Ausgangslage für Träume und Visionen."

Wenn du deine Vorstellungskraft gebrauchst, malst du mit deinem Verstand im Inneren ein Bild von etwas. Du gebrauchst also deinen Verstand, um etwas zu sehen, das sich gerade nicht vor deinen Augen befindet. Wenn du nun deine geheiligte Vorstellungskraft nutzt, dann bildest du dir nicht einfach ein, etwas zu sehen. Was du beobachtest, kommt nämlich nicht von deinem Verstand. „Geheiligte" Träume und Visionen kommen vom Heiligen Geist. Es ist etwas, was du erlebst.

Allerdings höre ich manche Leute einwenden: „Das ist bloße Einbildung und man wird in die Irre geführt, wenn man sich Dinge einfach vorstellt." Ich bin auch der Meinung, dass die Gefahr besteht, Fehler zu machen, wenn wir uns Dinge vorstellen. Doch es besteht genauso die Gefahr, aus lauter Angst vor Irreführung unglaublich kraftvolle und göttliche Erfahrungen zu verpassen. Außerdem besteht die Gefahr, etwas unrein zu nennen, was Gott rein genannt hat.

Ich denke, dass mein Geist durch das Wort wirklich zum Leben erweckt und mein Verstand reingewaschen wurde. Ich behaupte nicht, sündlos oder perfekt zu sein, wenn es darum geht, in Gottes Welt zu blicken; doch ich glaube, dass meine sündige Natur mit Christus gekreuzigt wurde. Es ist für mich also nicht normal, zu sündigen (siehe Römer 6). Natürlich kann es noch passieren, dass ich sündige (ganz zu meinem Verdruss), doch es ist nicht mehr natürlich für mich. Ich habe großes Vertrauen in das, was Jesus für uns am Kreuz getan hat. Mit einem erneuerten Sinn, einem neuen Herzen, meinem zum Leben erweckten Geist und dem Heiligen Geist, der für immer in mir wohnt, habe ich das vollste Vertrauen, dass Er in der Lage ist, mich zu leiten.

Außerdem bringen Bibelstellen unsere inneren Vorstellungen ständig ins Rollen. Die Propheten und Psalmisten malen uns sehr viele Bilder. Die einzige Art, wie ich beispielsweise Sacharjas fliegende Schriftrolle (siehe Sacharja 5,1-4) „sehen" kann, ist, indem ich vor meinem inneren Auge die Bilder in Bewegung bringe. Die Propheten des Herrn haben das Volk Israel dazu aufgerufen, sich das Gericht vorzustellen, das auf sie kommen würde, wenn sie nicht zu ihrem Bund zurückkehren sollten. Sie sollten sich aber auch die Segnungen vorstellen, die sie erhalten würden, wenn sie es taten. Gott hoffte, dass diese Information und die dabei entstehenden mentalen Bilder sie zur Umkehr bringen würden. Unsere Vorstellungskraft ist für den Herrn einfach ein weiterer Weg, auf dem er uns erreicht, so wie er es auch durch Sprache und Musik tut.

Manche Leute fragen sich, wer das Recht dazu hat, diese Art von himmlischen Erlebnissen hervorzurufen – Gott oder wir. Diese Bedenken kommen normalerweise auf, wenn ich Leuten dabei helfe, sich dafür zu öffnen, dass Gott auf diese Art und Weise zu ihnen sprechen kann. Es scheint klar zu sein, dass Gott das Recht dazu hat. Und wir sind damit völlig einverstanden, bis jemand behauptet, eine Vision gehabt zu haben – dann werden wir plötzlich nervös! Können wir diese Art von Erlebnissen selbst anstoßen? Ich denke, wir können zumindest darum bitten und uns zur Verfügung stellen. Meine eigene Erfahrung ist, dass ich manchmal von himmlischen Erlebnissen überrascht werde, während ich sonst oft bete und warte, dass ich „überrascht" werde.

Ist dies die gleiche Art von himmlischen Visionen, die auch die Menschen der Bibel erlebten? Kann man sie mit Paulus' Erfahrung vom Dritten Himmel oder Hesekiels Visionen vergleichen?

Nun, sie lassen sich vergleichen, doch ich will mir nicht anmaßen zu behaupten, dass die Dinge, die ich sehe und sage, sich in irgendeiner Weise auf dem Level der inspirierten und autoritären Schrift befinden. Um ehrlich zu sein, habe ich auch schon Dinge gesehen, die ich nicht verstehe und die ich nicht weitergeben werde, bis ich die Freiheit daszu habe. Ich mache keine neue Lehre oder Theologie daraus. Ich habe sie einfach gesehen.

In der Bibel können wir von übernatürlichen Erfahrungen und Visionen verschiedenster Art lesen. Viele andere Menschen hatten wie ich bereits eine Vielzahl an himmlischen Erlebnissen. Manche verliefen so, dass ich das Gefühl hatte, jederzeit „aussteigen" zu können; manchmal bin ich aber auch von dem Erlebnis völlig eingenommen. Es fühlt sich aber jedes Mal an, als „ginge" ich irgendwohin – falls das Sinn macht – und als würde ich irgendwohin geführt, anstatt selbst zu bestimmen, wo es hingeht. Hierbei habe ich allerdings die Freiheit, Fragen zu stellen und Dinge zu erbitten. Man könnte also sagen, dass ich irgendeine Art von „Handlung" in Gang setze. Kurz gesagt, Gott und ich arbeiten bei diesen Erlebnissen zusammen.

Eines Tages sprach ich mit Bill Johnson darüber, dass ich mir Sorgen machte, irregeführt zu werden. Seine Antwort war einfach: „Dann ist dein Gott zu klein und dein Teufel zu groß." Ich erkannte, dass ich den Vater, Jesus und den Heiligen Geist liebte und, dass der Heilige Geist mein Leiter und Lehrer war. Ich vertraue darauf, dass Er mich den gerechten Weg führt und ich lege den Menschen, die Er mir an die Seite gestellt hat, weiterhin Rechenschaft ab. Ich kenne das Wort Gottes.

Darum habe ich nicht länger Angst, irregeleitet zu werden. Furcht kommt vom Feind und er möchte nicht, dass wir Gott erleben. Die Wahrheit ist, dass Jesus mein Herz kennt und er mehr als fähig ist, mich auf Seinen Wegen zu halten. In seinem kurzen Brief, lobt Judas den Gott, *„der die Macht hat, euch vor jedem Fehltritt zu bewahren, sodass ihr untadelig und voller Freude und Jubel vor seinen Thron treten könnt"* (Judas 24; NGÜ).

Gedankenanstöße

Hast du das Gefühl, dass deine geistlichen Sinne scharf genug sind, um übernatürliche Wirklichkeiten wahrzunehmen? Erhaschst du manchmal einen Blick in den Himmel?

....

....

....

Kann der Teufel Gläubige in falsche Erlebnisse hineinziehen? Wie kannst du vermeiden, dass du in die Irre geführt wirst? Wie merkst du, dass du kurz davor stehst, auf einen falschen Weg zu geraten?

....

....

....

Was könnte deiner Meinung nach helfen, mehr von Gottes himmlischer Welt zu erleben? Welche Haltung kannst du einnehmen, um noch stärker den „natürlich übernatürlichen" Lebensstil führen zu können?

....

....

....

Meditation

Wir müssen uns in Einsicht und Vorsicht üben, damit wir nicht von sogenannten geistlichen Erlebnissen irregeleitet werden. Dennoch dürfen wir keine so große Angst vor Fehlern haben, dass wir „das Kind mit dem Bade ausschütten“. Wir müssen lernen, das Fleisch zu essen und die Knochen wieder auszuspucken. Letzten Endes ist jeder von uns verantwortlich für sich selbst und es ist wichtig, dass wir uns keine zu großen Sorgen machen, was andere Leute denken könnten – und dadurch verpassen, was uns eigentlich zu unserem Besten dienen sollte.

Bitte deinen Herrn und himmlischen Vater, dich in alle Wahrheit zu führen, einschließlich der Wahrheit über übernatürlich natürliche Erfahrungen.

Kapitel 25

HIMMLISCHE BEGEGNUNGEN

BENI JOHNSON

Es gibt vieles, was Gott uns lehren möchte und himmlische Begegnungen mit Ihm sind ein Weg, auf dem dies geschehen kann.

Judy Franklin und ich veranstalteten einmal eine Frauenkonferenz in Georgia und Judy war an der Reihe, in einer der Versammlungen zu predigen. Sie hatte mir verraten, dass sie von ihrem Leben erzählen und danach die Menschen in eine himmlische Begegnung führen würde. Ich war so gespannt. Ich hatte es noch nie miterlebt, wenn Judy dies tat. Ich entschied mich, nicht einfach dazusitzen und zu beobachten, sondern mich selbst darauf einzulassen und alles mitzunehmen, was ich nur konnte.

Gegen Ende ihres Zeugnisses, bat sie alle, sich sofern möglich auf den Boden zu legen und es sich gemütlich zu machen. Dann sollten wir unsere Augen schließen und uns vorstellen, wie Jesus auf uns zukommt. Sofort sah ich Jesus (meine geheiligte Vorstellungskraft ist wirklich lebendig und aktiv). Dann regte Judy an, herauszufinden, ob Jesus uns etwas sagen wollte. Er sagte mir, dass Er mich liebte und was Judy danach noch sagte, weiß ich nicht mehr, da ich in den Himmel aufgehoben wurde.[7]

Ich sah an mir herunter und merkte, dass ich ein langes, wunderschönes weißes Baumwollkleid trug. Dann blickte ich auf zu Jesus und er hob mich hoch, drehte mich um und fing an, auf ein Landhaus zuzugehen. Bevor wir das Häuschen erreichten, setzte er mich wieder ab. Sofort wusste ich, dass dies mein Landhaus war.

Die ganze Zeit über spürte ich große Freude in mir. Ich war so glücklich. Es fühlte sich auch so an, als ob dies am Ende der Zeit war. Menschen aller Generationen waren nun im Himmel. Die Ewigkeit hatte begonnen. Als ich auf dieses kleine, hübsche englische Landhaus mit einem englischen Garten zu meiner Linken und einer Grasfläche zu meiner Rechten starrte, hörte ich, wie Kinder hinter dem Haus hervorkamen und auf den Rasen liefen. Das erste Kind, das ich sah, war unsere älteste Enkeltochter Kennedy. Als sie mich erblickte, rief sie meinen anderen Enkelkindern zu: „Oma ist jetzt hier. Nun können wir spielen." Und schon rannte sie mit den anderen davon.

Während dies alles geschah, musste ich so richtig weinen; nicht aus Traurigkeit, sondern aus bloßer Freude und Glück. Ich bin ein Gefühlsmensch, also ist es wichtig für mich, Dinge zu fühlen. Ist es nicht wunderbar, dass der Vater dir genau auf die Art und Weise begegnet, wie es für dich passt?

Daraufhin blickte ich mich nach rechts um und sah

---

7 Paulus sagte: „*Ich weiß von einem Menschen in Christus, dass er vor vierzehn Jahren — ob im Leib, weiß ich nicht, oder außer dem Leib, weiß ich nicht; Gott weiß es —, dass dieser bis in den dritten Himmel entrückt wurde.*" (2. Korinther 12,2)

meine Großmutter väterlicherseits, die viele Kinder um sich geschart hatte. Die Mutter meines Vaters war, seit ich sie kannte, Christ gewesen. Sie hatte viele Jahre lang in der Sonntagsschule unterrichtet. Sie war eine tolle Frau. An dem Tag, an dem sich meine Oma aus dem Dienst in der Sonntagsschule verabschiedete, wurde sie im Gottesdienst auf die Bühne gebeten und die Leiter ehrten sie für alle die Jahre, in denen sie mitgeholfen hatte. Als sie dort auf der Bühne stand und von ihrer geistlichen Familie geehrt wurde, erlitt sie einen Schlaganfall und ging fünf Tage später heim zu ihrem Herrn Jesus.

Es begeisterte mich also, sie dort im Himmel mit all diesen Kindern zu sehen. Mir wurde bewusst, dass sie auch im Himmel das tat, was sie hier auf Erden für Gott getan hatte. Sie liebte die Kinder und sie liebte sie auch jetzt im Himmel noch.

Dann sah ich hinüber zu meiner linken Seite und erblickte meine Großmutter mütterlicherseits. Die Mutter meiner Mama war viele Jahre lang eine Pastorenfrau gewesen. Doch damals erhielt sie nicht die Ehre, die heutzutage den Pastoren und ihren Ehefrauen gegeben werden. Sie ließ sich von meinem Großvater scheiden und lebte jahrelang mit Bitterkeit im Herzen, was sich schließlich auf ihre Gesundheit auswirkte. Es gab allerdings auch schöne Zeiten mit Oma und ich erinnere mich besonders an ihr Lachen. Sie war eine dicke Frau, und wenn sie sich über etwas amüsierte, warf sie ihren Kopf zurück und lachte laut los. Dabei öffnete sie ihren Mund so weit, dass man ihr weit in den Rachen sehen konnte.

Es machte mich so glücklich, sie glücklich zu sehen. Als ich sie nun sah, warf sie wieder ihren Kopf zurück, öffnete ihren Mund und lachte so herzlich, dass es mich zum Schmunzeln brachte. Gott hatte allen Schmerz weggenommen und sie war wieder meine Oma, wie ich sie kannte.

Ich lenkte meine Aufmerksamkeit wieder auf das Landhaus, und als ich dies tat, ging Bills Vater an mir vorbei. Er stoppte kurz, sah mich an und sagte: „Du tust Bill gut." Das war alles, was er sagte und es genügte völlig.

Die ganze Zeit der Begegnung hindurch begriff ich ein gewisses Gefühl nicht ganz, das ich hatte. Es kam mir bekannt vor, doch ich erkannte es nicht. Ich lag dort einfach auf dem Boden ruhend und plötzlich begriff ich: Es ist Friede. Das andersartige an diesem Frieden war, dass es ein vollkommener Friede war. Perfekter Friede. Niemals zuvor hatte ich einen so tiefen, vollkommenen Frieden verspürt. Ich war völlig überwältigt. Ich wollte nicht, dass dieses Gefühl aufhörte. Es gab keinen anderen Lärm in meinem Kopf. Du kennst wahrscheinlich den Lärm, von dem ich rede; der Lärm, der dich ablenkt und dir viel zu viele Gedanken gibt. Der Kampf in meinem Kopf war weggeblasen! Ich lag in vollkommenem Frieden. Ich wollte nicht wieder weggehen. Ich dachte, dass dieser Friede auch gehen würde, wenn ich diesen Ort verließ.

Dann erinnerte ich mich an etwas, was mein Mann erst kurz zuvor gelehrt hatte. Er sagte, dass wenn Gott dich in Seinen Weingarten einlädt und dir ein Geschenk gibt, gehört es für immer dir. Du kannst es haben, wann immer du möchtest. An diesem Tag nahm ich das Geschenk des Friedens an und ich weiß, dass mir dieser Friede jederzeit gehört. Mein Kopf steht mir zwar manchmal noch im Weg, aber daran arbeite ich noch.

Gedankenanstöße

Was ist der Sinn einer himmlischen Begegnung? Ist er für jeden derselbe? Sind alle himmlischen Begegnungen wie die eben beschriebene?

....

....

....

Hast du jemals gespürt, dass du von Jesus mitgenommen wurdest, um einen Geschmack des Himmels zu probieren? (Dein Erlebnis muss nicht besonders umfassend sein.) Falls ja, was hast du aus diesem Erlebnis mitgenommen?

....

....

....

Meditation

Wenn wir offen für himmlische Begegnungen sind, müssen wir vorsichtig sein, dass wir nicht stolz werden oder gar in Totenbeschwörung hineingeraten. Es ist besser, einfach darauf zu warten, dass Gott die Mauer zwischen der sichtbaren und unsichtbaren Welt teilt, damit wir einen kleinen Einblick in den Himmel bekommen können. Er wird dies tun, wenn wir es am wenigsten erwarten.

Bitte Ihn, dir zu helfen, dass du immer zu Seinen Füßen sitzt, damit du bereit bist, wenn Er sich entschließt, dich mit einer solchen Begegnung zu segnen.

Kapitel 26

Gott durch die Bibel begegnen

Bill Johnson

Unsere hingegebenen Herzen können geformt werden, während wir die Bibel lesen und Gottes Eindrücke (sowie Fingerabdrücke) erhalten. Auf dieser Art von zartem Boden kann der Herr Samen sähen, damit wir die Perspektive Seines Königreichs bekommen. Die Einsichten, die wir empfangen und die Tatsache, dass die Heilige Schrift uns mit Vollmacht ausstattet, geben uns Lösungen, die wir in jeder Gesellschaft und Kultur brauchen. Die Bibel gilt für alle Bereiche des Lebens; sie ist zeitlos, vollständig und sie enthält Antworten für jede mögliche Notlage der Menschheit.

Unsere Erforschung der Bibel muss über den geschichtlichen Rahmen, über Sprachstudien des Hebräischen und Griechischen und manchmal sogar über den Zusammenhang und die Absicht der menschlichen Autoren – bezüglich des Inhalts – hinausgehen. Das Lesen des Wortes muss uns die Möglichkeit verschaffen, Gott ganz neu zu hören. Wieder einmal möchte ich betonen, dass Sein schriftliches Wort durch unsere persönlichen Erfahrungen zu dem lebendigen Wort werden muss.

Ich glaube daran, dass die Bibel das Wort Gottes ist – fehlerlos und vollständig vom Heiligen Geist inspiriert. Sie ist ohnegleichen und ihr ist weder etwas hinzuzufügen, noch ist ihr etwas wegzunehmen. Gott hat nicht nur die Schreiber inspiriert, sondern auch diejenigen, die die entsprechenden Schriftstücke ausgewählt haben, welche heute die 66 Bücher der Bibel ausmachen. Ich glaube nicht, dass es irgendeine neue Offenbarung geben wird, die das gleiche maßgebende Gewicht hat wie die Bibel.

Sie alleine ist der Richter aller zusätzlichen Weisheit, ob es die Weisheit der Menschen, eine Einsicht oder ein Buch ist, welches angeblich direkt von Gott offenbart oder durch einen Engel gegeben wurde. Gott spricht heute immer noch; doch alles, was wir hören, muss sich mit dem decken, was Er schon in Seinem Wort zu uns gesprochen hat.

Aufgrund dieser brennenden Überzeugung hat die Kirche Normen und Traditionen eingerichtet, die uns beschützen sollen. Doch leider entziehen sie dem lebendigen Wort Gottes seine Wirkung und so gut wie alles Leben. Obwohl dies sicherlich nicht die ursprüngliche Absicht war, ist dies zur unbeabsichtigten Folge geworden. Die Fähigkeit, Gott – besonders durch Sein Wort – sprechen zu hören, ist für unser geistliches Leben genauso notwendig, wie das Atmen für unseren natürlichen Körper.

Ohne das Bewusstsein Seiner Gegenwart zu leben, ist uns teuer zu stehen gekommen, besonders bei unserer Auseinandersetzung mit der Bibel. König David, der Lieder über Seine Liebe zu Gottes Wort schrieb und sang, „hielt" sich den Herrn täglich vor Augen. Er wollte sich immerzu Gottes Nähe bewusst machen und aus dieser Haltung heraus lebte er.

Die geheiligte Vorstellungskraft ist ein Werkzeug in Gottes Hand, die es uns ermöglicht, in die wahre Realität einzutreten. Ich gehe folgendermaßen an diese Sache heran: Da ich mir sowieso keinen Ort vorstellen kann, an dem Er nicht ist, kann ich mir auch gleich vorstellen, dass Er bei mir ist. Dies ist keine sinnlose Vorstellung. Im Gegenteil, es macht keinen Sinn, es sich irgendwie anders vorzustellen.

Es gibt eine Art die Bibel zu lesen, in der man vor allem darauf bedacht ist, Prinzipien zu finden und anzuwenden, anstatt einfach Seine Gegenwart zu genießen. Das Entdecken der Prinzipien ist zwar eine gute Sache, doch ist sie sehr begrenzt. Die Prinzipien des Königreichs Gottes sind real und kraftvoll. Jeder kann sie lernen. Wenn sie auf das Leben angewandt werden, bringen sie die Frucht des Königs hervor. Selbst Ungläubige erleben Segen, wenn sie nach diesen Maßstäben leben. Ein Freund von mir zum Beispiel hatte einmal finanzielle Probleme. Er vertraute sich einem Nachbarn an, der zufällig Pastor war. Dieser Pastor erklärte ihm, dass seine Probleme daher rühren konnten, dass er Gott nicht mit seinem Zehnten – also zehn Prozent seines Einkommens – ehrte. Er forderte meinen Freund heraus, Gott zu testen, indem er den Zehnten zahlte und dann zu sehen, ob sein Rat der richtige war. Mein Freund nahm die Herausforderung an, und als er begann, den Zehnten zu geben, fing Gottes Segen an, in sein Leben zu fließen. Schließlich gab er sein Leben Christus, weil er Gottes Liebe gesehen und geschmeckt hatte. Beachte, dass dieses Prinzip des Königreichs sogar vor seiner Bekehrung funktionierte.

Ich möchte Prinzipien nicht abwerten. Die vollständige Verwandlung von einzelnen Personen, Familien, Städten und ganzen Nationen beruht auf der Bereitschaft, die Prinzipien des Königreichs Gottes anzunehmen. Es ist für uns Christen jedoch nicht das Herzstück unserer Erfahrung mit der Bibel. Stattdessen sollten wir sie hauptsächlich lesen, um Gott zu begegnen.

Das Wort Gottes ist lebendig und wirksam. Es enthält göttliche Energie, ist immer in Bewegung und erreicht immer Seine Ziele. Es ist wie das Messer des Chirurgen, das schneidet, um zu heilen. Es ist ein tröstender und heilender Balsam. Es ist von Natur aus mehrdimensional und wird sich immer weiter entfalten. Als Jesaja ein Wort sprach, dann galt das für die Menschen, zu denen er redete, seinen Zeitgenossen. Doch weil Gottes Wort lebendig ist, findet vieles von dem, was er damals aussprach, seine letztendliche Erfüllung in einer anderen Zeit. Das ist es, was lebendige Worte tun.

Gedankenanstöße

Wie und wann hast du die Bibel als ein verschlossenes Buch gesehen? Und im Gegensatz dazu, wie und wann hast du sie als etwas Lebensspendendes erfahren? Kannst du rückblickend sagen, was für dich den Unterschied ausgemacht hat?

....

....

....

Welche Bibelstellen hast du in letzter Zeit gelesen? Was ist durch das Lesen in dir geschehen?

....

....

....

Was kannst du heute tun, um deine Beziehung zu der dritten Person der Dreieinigkeit noch mehr zu entwickeln?

....

....

....

Meditation

Es ist schwierig, dieselbe Frucht zu erhalten, welche die frühe Gemeinde hatte, wenn wir ein Buch, das sie noch nicht hatten, mehr wertschätzen als den Heiligen Geist, den sie hatten. Die Heilige Schrift über den Heiligen Geist zu stellen, ist Götzendienst. Es heißt nicht „Vater, Sohn und Heilige Bibel." Die Bibel offenbart Gott, doch sie ist nicht Gott selbst.

Wir müssen uns darauf verlassen, dass der Heilige Geist die Worte der Bibel zum Leben erweckt. Ohne Ihn ist sie ein verschlossenes Buch. Eine solche Abhängigkeit muss mehr sein, als ein symbolisches Gebet vor dem Bibelstudium, in dem wir um Seine Führung bitten. Es ist eine fortwährende Beziehung mit der dritten Person der Dreieinigkeit, die in jeden Bereich des Lebens hineinfließt.

Der Heilige Geist offenbart Seine Geheimnisse sehr gerne allen, die wirklich hungrig sind. Zuerst gibt Er uns diesen Hunger und erinnert uns dann daran, dass unser Hunger erst gestillt werden kann, wenn wir die Liebe Gottes empfangen. Nimm den Grad an Hunger, den du momentan hast und bitte Ihn, ihn zu erhöhen, damit Er deinen Hunger wiederum stillen kann. Er wird es tun.

Kapitel 27

RETTUNGSSCHWIMMER MÜSSEN SCHWIMMEN KÖNNEN

BANNING LIEBSCHER

Ich habe an der Vanguard Universität in Südkalifornien studiert. Vanguard liegt in Costa Mesa, Kalifornien, nur einige Minuten von einigen der spektakulärsten Strände Amerikas entfernt. Meine Freunde und ich hingen gerne am Newport Beach und am Huntington Beach ab und dort lernte ich auch Surfen. Ich war nicht besonders gut, doch immerhin konnte ich schulterhohe Wellen surfen und hatte einen riesen Spaß dabei. Nach dem College begann ich, im Vollzeitdienst zu arbeiten und einige Jahre später veranstalteten wir mit einer Jugendgruppe eine Freizeit in Südkalifornien. Ich war seit meiner Collegezeit nicht mehr gesurft, also beschlossen einige meiner Freunde und ich, eines Morgens etwas früher aufzustehen und noch ein bis zwei Stunden surfen zu gehen.

Als wir am Strand ankamen, sah das Meer etwas wild aus, doch wir wollten es trotzdem versuchen. Ein großer Fehler! Was wir nicht wussten: An diesem Tag würde der Huntington Beach den stärksten Wellengang seit zwei Jahrzehnten erleben. Wie du wahrscheinlich schon richtig vermutest, lief es für mich nicht besonders gut. Ich wurde von einer Reihe von Wellen erwischt, in denen ich buchstäblich beinahe ertrank. Die Strömung zog mich so stark hinaus aufs Meer, dass ich nicht zum Ufer zurückschwimmen konnte und ich hatte auch nicht genug Kraft, um über die Wellen hinweg zu kommen, die in Richtung Ufer stießen. Als schließlich eine Welle nach der anderen donnernd über mir hereinbrach, klammerte ich mich verzweifelt an mein Board und versuchte einfach nur zu überleben, wobei ich immer wieder unter Wasser gestoßen wurde.

Schließlich beruhigten sich die Wellen und ich konnte langsam ans Ufer zurückschwimmen. Es war ein Erlebnis, das ich sicherlich nie vergessen werde und eines, das ich nicht noch einmal wiederholen möchte.

Um ein Rettungsschwimmer zu werden, muss man ausgezeichnet schwimmen können. Es würde keinen Sinn ergeben, wenn Rettungsschwimmer inmitten von Wellen nicht mehr schwimmen könnten. Kannst du dir vorstellen, was passiert wäre, wenn ich gerade darum gekämpft hätte, meinen Kopf über Wasser zu halten und ein wohlwollender Mann herausgeschwommen wäre, um mich zu retten, nur um dann selbst im Wasser zu versinken? Was wäre gewesen, wenn er nicht so gut schwimmen könnte und die Wellen ihm auch Angst einflößten? Wenn ich jemals kurz vor dem Ertrinken sein sollte, möchte ich nicht, dass so jemand kommt und mich rettet. Ich möchte, dass David Hasselhoff, der berühmte Rettungsschwimmer aus dem Fernsehen, mich rettet und an Land zieht.

Viele von uns Christen bringen genauso schlechte Voraussetzungen mit, wie die Menschen, die wir retten wollen, weil wir nicht wissen, was Gott über uns denkt und wie Er uns sieht. Weil wir in unserer Identität nicht sicher waren, sind wir mit der Welt eins geworden. Kein Wunder also, dass die ertrinkende Welt um uns herum nicht zu uns gekommen ist – weil wir genauso hilflos aussehen, wie sie.

Jeden Tag erleben Menschen überall um uns herum eine Hungersnot nach Liebe und Kraft. Sie haben noch nie die wahre Liebe gespürt, die von Gott kommt. Sie fühlen sich nicht in der Lage, sich zu verändern. Sie stecken im Leben fest. Sie sind umgeben von Krankheit, Depression, Schmerz und Hoffnungslosigkeit. Es ist, als ob ein Sturm in ihrem Inneren tobt, den sie aus eigener Kraft nicht stillen können. Sie suchen nach einer Antwort und diese Antwort wohnt in dir und in mir.

Du hast vielleicht schon die Autoaufkleber gesehen, auf denen steht: „Jesus ist die Antwort." Es ist völlig egal, wie die Frage aussieht; Er ist immer die Antwort. Du besitzt in deinem Inneren die Antwort auf jede Frage. Als du errettet wurdest, nahmen Jesus und Sein Königreich in dir ihre Wohnung ein. Nun lebt die Kraft, die Tod, Krankheit, Hoffnungslosigkeit, Sünde, Depression und Abhängigkeit besiegt, in dir. Du hast den ersten Gang eines Banketts erlebt und er ist es wert, mit anderen Menschen geteilt zu werden.

Menschen in Hungernot werden immer auf Menschen mit Essen hören. Das Problem war nur immer, dass wir im Leib Christi nicht so aussahen, als ob wir Essen hätten. Wir sahen nicht anders aus als die Welt. Viele Christen wurden gelehrt, dass die Kraft Gottes heutzutage nicht mehr verfügbar ist und sie haben Sünder angeklagt, anstatt sie zu lieben.

Es ist an der Zeit, dass wir eine solche Begegnung mit Gott haben, dass sich unsere Identität verändert. Denn dann werden wir aufhören, uns darüber Gedanken zu machen, was die Welt von uns denkt und stattdessen fähig sein, die Menschen um uns herum, die sich im Sturm abkämpfen, zu retten. Dann endlich können wir sie zu dem Festmahl einladen, das wir selbst erleben.

Gedankenanstöße

„Viele Christen wurden gelehrt, dass die Kraft Gottes heutzutage nicht mehr verfügbar ist und sie haben Sünder angeklagt, anstatt sie zu lieben." Bist du selbst schon in diese Falle getappt? Ist es bereits zu spät für einen Kurswechsel, was gewisse Sünder betrifft? Was heißt es, im Zusammenhang mit dem Surfbeispiel, Sünde zu hassen, aber den Sünder zu lieben?

....

....

....

Erlebst du momentan Gottes überschwängliches Festmahl? Um wieder auf den Vergleich zurückzukommen: Hast du gelernt, zu „schwimmen"? Falls nicht, was kannst du dagegen tun? Falls ja, was kannst du mit dem Überfluss der Liebe Gottes in dir anfangen?

....

....

....

Meditation

Die Welt um dich herum ist am Ertrinken und die Menschen, denen du während deinen alltäglichen Geschäften begegnest, suchen verzweifelt jemanden, der weiß, wie man schwimmt. Sie sehnen sich nach etwas, was sie noch nie erlebt haben – Liebe und Kraft. Wenn sie in dir und anderen Christen diese Liebe und Kraft nicht sehen, warum sollten die zuhören, was ihr zu sagen habt?

Zu häufig macht die Kirche den Christen ein schlechtes Gewissen, weil sie die Gute Nachricht für sich behalten. Stattdessen sollten wir eine Kultur entwickeln, die von Gottes verschwenderischer Liebe überfließt. Wenn wir Seine überschwängliche Güte erleben, wird es für uns ganz normal, andere einzuladen, daran ebenfalls teilzunehmen.

Anstatt dich dafür zu geißeln, dass du Gott nicht genug an andere weitergibst, solltest du dich heute einfach im Gebet und in dem, was du tust, darauf konzentrieren, Gottes Gegenwart nachzujagen. Beginne dieses Streben jeden Tag auf neue. Bitte Ihn um göttliche Begegnungen, damit du anfangen kannst, Seine Güte weiterzugeben.

Kapitel 28

Wir sind Arzthelfer

Kevin Dedmon

Zu sagen, dass wir die Kraft besitzen, Menschen zu heilen, ist nicht ganz richtig. Doch zu sagen, dass wir nicht die Kraft haben, Menschen zu heilen, ist genauso falsch. Wir selbst können niemanden heilen, doch Christus in uns kann es. Wir können niemanden freisetzen, doch Christus in uns kann es. Wir können niemanden von Sünde retten, doch Christus in uns kann es.

Es macht sogar den Anschein, als ob Gott nicht ohne uns heilen, befreien und retten möchte. Sicherlich hat Gott die Kraft, uns selbst zu heilen. Doch in Seiner Souveränität hat Er sich entschlossen, mit uns Gläubigen zusammenzuarbeiten, um die Herrschaft Seines Reiches auf die Erde zu bringen, so wie Er es in dem Auftrag an Adam in 1. Mose 1,28 tat: *„... füllt die Erde, und macht sie euch untertan"*. Natürlich hat Gott die Macht, die Erde zu regieren, doch Er hat sich dazu entschlossen, uns diese Verantwortung und Autorität zu übergeben.

In Matthäus 10,8 verlangte Jesus von den Jüngern, dass sie weitergaben, was sie umsonst erhalten hatten. Nur was hatten sie umsonst erhalten? Er gab „...*ihnen Vollmacht über unreine Geister, sie auszutreiben und jede Krankheit und jedes Gebrechen zu heilen*" (Matthäus 10,1). Jesus verkündete in Matthäus 28,18: „...*Mir ist alle Macht gegeben im Himmel und auf Erden*". Hierdurch drückte Er aus, dass Er den Jüngern Seine Autorität gab, damit sie Sein Königreich repräsentieren und erweitern konnten. Darum erhalten wir mit der Autorität auch automatisch Verantwortung.

Viele Leute wundern sich, warum nicht noch mehr Menschen in das Königreich Gottes kommen. Schließlich haben wir die Wahrheit – die Gute Nachricht! Vielleicht ist das so, weil wir darauf warten, dass andere Menschen mit einer besonderen „Begabung" das tun, wozu wir alle die Verantwortung und Autorität erhalten haben. Wenn wir nur die Auswirkung der Tatsache begreifen könnten, dass wir bereits gesandt wurden und die Autorität erhalten haben, um das Königreich zu repräsentieren, hätten wir vielleicht mehr Mut das freizusetzen, was schon in uns ist. Dann würde Sein Königreich hereinbrechen.

Hier ist ein Beispiel. Ein Pastor nahm meinen Sohn Chad und mich einmal mit in ein Krankenhaus, um für eine schwer kranke Frau zu beten. Auf dem Weg zu ihrem Zimmer bemerkte ich, dass der Wartebereich der Notaufnahme voller Menschen war, die eine Behandlung brauchten.

Als wir uns nach dem Gebet für die Frau auf dem Rückweg befanden, bat ich den Pastor kurz zu warten, damit wir einen Abstecher in das Wartezimmer der Notaufnahme machen konnten. Dort verkündete ich die gute Nachricht: „Falls jemand von Ihnen nicht auf den Arzt warten möchte, kann ich mich um Sie kümmern."

Du siehst, dass ich mich selbst als ein Arzthelfer sehe,

wohin ich auch gehe. Ich assistiere dem Großen Arzt, indem ich das Königreich überall dort hineintrage, wo die Not ein Einschreiten des Königreichs erfordert.

Komischerweise schüttelten sie jedoch alle nur ihre Köpfe, als ich fragte, ob jemand Heilung brauchte. „Nun, das ist merkwürdig", antwortete ich, „denn ich hatte das Gefühl, dass Gott das Knie einer Person heilen wollte."

Sie schüttelten immer noch verneinend die Köpfe, bis der Sohn eines älteren Mannes das Wort ergriff: „Einen Augenblick mal. Papa, dein Knie ist so kaputt, dass du eine Schiene tragen musst und dir das Laufen unglaublich schwerfällt!" Der Mann schob zögerlich eines seiner Hosenbeine nach oben. Er trug eine Schiene, von der Mitte des Oberschenkels zur Mitte seiner Wade.

Ich fragte ihn, ob ich mich um sein Knie kümmern sollte, doch zu meiner Überraschung schüttelte er den Kopf und sagte: „Oh, nein danke, mir geht es gut." Ich entgegnete: „Wie kann alles in Ordnung sein, wenn Sie kaum laufen können?" Ohne zu zögern, streckte ich meine Hand zu ihm aus und sprach: „Gott, setze deine Güte über diesem Mann frei. Sei einfach geheilt in Jesu Namen."

Sofort bat der Mann mich, näher zu treten (er schien die Gegenwart Gottes zu spüren) und forderte mich dann überschwänglich auf, meine Hand auf sein Knie zu legen. Nach einem kurzen Gebet gab es schon Zeichen der Besserung.

Mit einem erstaunten Gesichtsausdruck begann er, sein Bein zu bewegen und das Knie zu beugen.

In der Zwischenzeit fing seine Tochter an, auf ihren Nacken und ihre Schultern zu deuten und fragte, ob ich ihr nicht auch helfen könnte. Sie litt seit einem Autounfall unter ständigen Schmerzen. Nachdem der etwas ältere Vater geheilt worden war, ging ich weiter, um auch über seiner Tochter die heilende Gegenwart Gottes freizusetzen. In weniger als zwei Minuten waren alle Schmerzen verschwunden und sie konnte sich wieder uneingeschränkt bewegen.

Währenddessen gab Chad auch ein Wort der Erkenntnis über jemanden mit Rückenschmerzen weiter. Es stellte sich heraus, dass dies auf ein weiteres Familienmitglied des älteren Mannes zutraf. Nachdem Chad einige Minuten gebetet hatte, fing der Mann an, sich an der Hüfte herabzubeugen und bewies, dass er vollständig geheilt war.

Als ich schließlich in Richtung Ausgang lief, kam ich wieder an dem Mann vorbei, dessen Knie soeben geheilt worden war. Er nahm meine Hand, zog sie herunter zu seinem anderen Knie, welches auch Heilung nötig hatte. Als meine Hand sein Knie berührte, wurde es augenblicklich geheilt!

Gedankenanstöße

Eine rhetorische Frage: Was würde passieren, wenn wir alle auf eine noch begabtere Person warten würden, damit sie die Werke des Königreichs Gottes tut? Woher würden diese „begabteren" Menschen herkommen? Wo solltest du nach ihnen suchen?

....

....

....

War es angenehm für Chad und mich, im Wartezimmer der Notaufnahme einen Halt einzulegen? Was wäre geschehen, wenn wir darauf gewartet hätten, dass diese Menschen zu uns kommen – was zum einen bequemer gewesen wäre und uns zum anderen die Sicherheit gegeben hätte, dass sie gerne Gebet für Heilung empfangen wollten? Warum haben wir gehandelt, wie wir gehandelt haben?

....

....

....

Hast du dich je selbst als einen Arzthelfer gesehen? Was war das Ergebnis?

....

....

....

Meditation

Nachdem Petrus und Johannes an der „schönen Pforte" den Gelähmten geheilt hatten, waren die Zuschauer darüber erstaunt, was sie soeben miterlebt hatten. Sie waren scheinbar der tiefen Überzeugung, dass Petrus und Johannes eine Art Superheld waren und Spezialkräfte besaßen, die sie einzigartig machten. Höchstwahrscheinlich erkannte Petrus diese Einstellung, denn er antwortete:

Männer von Israel, was verwundert ihr euch hierüber, oder was seht ihr so gespannt auf uns, als hätten wir aus eigener Kraft oder Frömmigkeit bewirkt, dass er gehen kann? (Apostelgeschichte 3,12)

Nach einer kurzen Predigt fügte er noch hinzu:

Und durch den Glauben an seinen Namen hat sein Name diesen, den ihr seht und kennt, stark gemacht; und der durch ihn bewirkte Glaube hat ihm diese vollkommene Gesundheit gegeben vor euch allen. (Apostelgeschichte 3,16)

Traurigerweise scheuen sich viele Menschen vor den übernatürlichen Gaben, weil sie denken, dass sie nicht die Kraft haben, übernatürliche Taten zu bewirken. Die Wahrheit ist, dass sie das auch nicht können. Niemand von uns hat die Kraft zu heilen, retten, prophezeien oder Menschen freizusetzen. Und dennoch hat Gott uns den Auftrag gegeben, genau diese Dinge zu tun – damit die Welt ein besserer Ort wird. Was bleibt uns anderes übrig, als zu gehorchen?

Kapitel 29

Braucht Gottes Königreich eine Erweckung?

Eric Johnson

Erweckung geschieht, wenn etwas, das einst tot war, wieder den Strom des Lebens erfährt. Viele setzen Erweckung gleich mit Gemeindeversammlungen, in denen die Kraft Gottes wirkt, Menschen sich Jesus hingeben und von verschiedenen Krankheiten geheilt werden. Wir machen es uns zur Freizeitbeschäftigung, alte Erweckungsgeschichten zu lesen und können nicht anders, als uns dafür zu begeistern. Wir fangen an, unsere Herzen darauf auszurichten, dass dies wieder geschieht.

Lass mich hier ein paar Fragen aufwerfen. Hat das Königreich Gottes Erweckung nötig? Brauchte Jesus eine Erweckung? Falls das Königreich dazu bestimmt ist, Leben zu schaffen und dies kontinuierlich zu tun, ist Erweckung dann überhaupt nötig? Ich behaupte, es ist möglich, dass wir nie eine persönliche Erweckung brauchen, weil wir nie überhaupt das Leben verloren haben. Obwohl dies so ist, wird es immer Zeiten und Phasen geben, in denen dieses Leben noch verstärkt wird, doch normalerweise erleben wir einen stetigen Fluss des Lebens. Als Leib Christi müssen wir mit der Einstellung leben, dass das was auch immer Gott erschafft, dazu bestimmt ist, weiterhin Leben hervorzubringen.

Das Wort *Erweckung* bedeutet eigentlich „Wiederherstellung des Lebens". Gewöhnlich gebrauchen wir dieses Wort als Bezeichnung für eine Art größerer Bewegung Gottes. Wenn wir vergangene Erweckungen genau betrachten, finden wir Hinweise darauf, dass sich gewisse Dinge wiederholen.

Wo auch immer eine Bewegung Gottes stattfindet, werden Leben verwandelt, Städte und Nationen verändert und Menschen von Gott berührt. Wunder und Heilungen geschehen, Ehen werden wiederhergestellt und Geschäfte blühen auf. Doch dann scheint die Erweckung wieder zu sterben, wenn die Generation, die sie gestartet hat, langsam verschwindet.

Du kannst in der Geschichte nachforschen und Bewegungen Gottes entdecken, die aufgrund von menschlichen Entscheidungen wieder vergingen. Erweckungen lassen nach, weil die Menschen aufhören, mit Gott zusammenzuarbeiten. Wenn wir mit ihm zusammenarbeiten, beginnen die Dinge sich zu multiplizieren und sie erzeugen eine Art Kraftimpuls. Wenn wir aufhören, mit ihm zusammenzuarbeiten, sind wir gewöhnlich am Anfang vom Ende angelangt.

Das Gesetz wurde gegeben, um den Menschen zu zeigen, was Gott von ihnen außerhalb einer Beziehung mit Ihm verlangen müsste. Wenn wir nicht in dieser Beziehung leben, ist das Gesetz die Norm, die uns zeigt, wie wir unser Leben führen sollen. Es ist jedoch niemals möglich, das Gesetz immer einzuhalten. Anstatt sich vom Gesetz weg- und zu einer Gottesbeziehung hinzubegeben, entscheiden sich viele Menschen nun, noch härter an der Erfüllung des Gesetzes zu arbeiten, wodurch sie zu Sklaven einer leblosen Sache werden.

Das Gesetz mündet in einem Lebensstil der Sklaverei und wird zu einer Liste von Worten, die den Menschen weder Hoffnung noch Freiheit bringt. Es richtet einen verheerenden Schaden an unserer Fähigkeit an, Gott als liebevoll zu sehen. Und schließlich wird unser Bezug zu Ihm verbogen: Wir sehen Gott als einen zornigen Gott. Furcht wird zur Linse und zum Filter, durch den die Menschen ihr Leben führen. Da sie machtlos dagegen sind, wird es immer schwieriger für sie, lebensspendende moralische Entscheidungen zu treffen. Auch ihre Beziehungsfähigkeit verringert sich.

Im Königreich Gottes bringt ein Leben immer wieder neues Leben hervor. In 1. Mose lesen wir die detaillierte Beschreibung dessen, wie Gott die Welt erschuf, in der wir leben. Als Gott sprach, schufen Seine Worte das Leben. Doch nicht nur das: Sie setzten etwas in Bewegung, das bis zu diesem Zeitpunkt nie aufgehört hat. Seit sie in Existenz gerufen wurde, hat die Schöpfung wie wir sie kennen reproduziert, sich angepasst und erweitert. Im Schöpfungsprozess sprach Er: *„Es werde Licht!“* (1. Mose 1,3) und es funktioniert immer noch! Diese Wahrheit fasziniert mich ungemein. Es ist offensichtlich, dass es Gottes Art ist, Leben zu *erhalten*. Dieses Leben zeigt das Königreich Gottes auf der ganzen Erde.

Im Alten Testament ist es oft der Fall, dass wenn Gott ein Volk segnet, andere Nationen zu ihm kommen und fragen: „Was muss ich tun, um das zu bekommen, was ihr habt?" Es ist Gottes ultimative Vermarktungsstrategie: Menschen werden eifersüchtig auf das, wer Er ist.

In Psalm 67,2-3 lesen wir: „*Gott sei uns gnädig und segne uns, er lasse sein Angesicht leuchten über uns, dass man auf der Erde erkenne deinen Weg, unter allen Nationen deine Hilfe!*" Der Autor wusste, dass wenn Gottes Gunst auf einem Volk liegt, das Übernatürliche ganz automatisch passiert und Sein Königreich auf der Erde gefestigt wird: „*Der Erdboden bringt seine Frucht hervor – Gott, unser Gott, wird uns ʹmit einer reichen Ernteˋ segnen.*" (Psalm 67,7).

Ich kann nicht anders, als darüber nachzudenken, wie es sein wird, wenn wir Gläubige in diese Realität, dass Gottes Angesicht über uns leuchtet, eintreten. Ein Ergebnis dessen wird sein, dass die Erde ihre „Frucht hervorbringt". Was im Geistlichen passiert, wird sich im Natürlichen manifestieren.

Gedankenanstöße

Was hast du bisher über „Erweckung" gedacht? Hast du angenommen, dass sie nach einiger Zeit wieder verebben würde? Warum oder warum nicht?

....

....

....

Hast du in deinem Leben als Gläubiger schon einmal wahre Erweckung erlebt? Was waren ihre Hauptmerkmale? Mit wem hast du sie erlebt? Erfährst du heute immer noch diese Erweckung? Weißt du, warum das so ist?

....

....

....

Hast du selbst schon erlebt, was es heißt, aus eigener Kraft zu arbeiten, um eine Bewegung Gottes zu erhalten? Weißt du auch aus eigener Erfahrung, wie es ist, mit Gott zusammenzuarbeiten, um das gleiche Ergebnis zu erzielen? Bewerte mit diesem Gedanken im Hintergrund einen Abschnitt deiner eigenen Glaubensgeschichte.

....

....

....

Meditation

Wir müssen den natürlich übernatürlichen Kraftimpuls des Königreich Gottes verstehen. Außerdem müssen wir noch mehr darüber lernen, welche Rolle wir in der Erhaltung dieses Impulses spielen. Die Gemeinde Gottes in ihrer Gesamtheit hat dieses Prinzip größtenteils übersehen. Wir wissen, wie wir uns des Lebens erfreuen, wie es eben kommt, doch wir scheinen nicht gelernt zu haben, wie man das Leben so verwaltet, dass es Wachstum und Erbe bringt.

Gib dich Gott als ein Mitarbeiter in den Erntefeldern Seines Königreichs hin. Bitte Ihn, dass du dich in allem, was du tust, stets auf Seinen Geist verlässt und, dass Er dich davor bewahrt, „eine Hütte zu bauen" (siehe Lukas 9,28-33), in der du Seiner lebendige Gegenwart einfangen und behalten willst. Sag Ihm, dass du Ihm gegenüber aufmerksam und gehorsam bleiben möchtest und, dass du nicht in einen Lebensstil der Regeln und Normen zurückfallen willst.

Kapitel 30

SCHECHINA HERRLICHKEIT

PAUL MANWARING

Die Schechina Herrlichkeit. In meinem Leben als Christ, habe ich oft diesen Ausdruck gehört und meinte, prinzipiell verstanden zu haben, was er bedeutet. *Schechina* wird oft verwendet, wenn man besonders herausragende übernatürliche Erscheinungen der Herrlichkeit Gottes beschreiben möchte. Allein der Klang dieser Worte scheint in uns etwas Geheimnisvolles und Ehrfürchtiges hervorzurufen. Ich habe stets angenommen, dass es ein biblisches Wort ist, doch als ich anfing, mich mit der *Schechina* genauer zu beschäftigen, fand ich zu meiner Überraschung heraus, dass dieses Wort in der Bibel eigentlich nie vorkommt – und, dass es eine speziellere Bedeutung hat, als ich angenommen hatte. (Das trifft auf viele Worte zu, die wir gebrauchen, um biblische Gedanken auszudrücken. Selbst die Worte Dreieinigkeit und Inkarnation findet man nicht in der Bibel, obwohl diese Konzepte direkt von dem abgeleitet werden, was darin geschrieben steht.) *Schechina* ist einer der ältesten dieser theologischen Ausdrücke.

Schechina bedeutet „der Aufenthaltsort dessen, der wohnt". Außerdem steht in den Randbemerkungen meiner Studienbibel *Schechina Herrlichkeit* immer dort, wo die Worte *Herrlichkeit* (die manifeste Gegenwart Gottes) und *wohnen* oder *verweilen* zusammen auftreten.

Gott ist der Gott, der verweilt. Dies ist eine der wichtigsten Dimensionen Seiner Herrlichkeit und wir werden erst dann in der Lage sein, diese Herrlichkeit zu erleben, wenn es sich fest in unserem Denken verankert. Man könnte durchaus den Eindruck bekommen, dass Gott anstatt der wohnende Gott eher ein Besucher der Welt ist, die er geschaffen hat.

Im Alten Testament bleiben manche riesige Zeitspannen ungeklärt. Es scheint fast, als ob Manifestationen der Gegenwart Gottes nur vereinzelt und in großen Abständen auftraten. Doch wenn wir die *Schechina* in der Bibel genauer mitverfolgen und nach dem verweilenden Gott suchen, entdecken wir, dass sich Gottes ewiger Plan, bei uns zu wohnen auf wunderschöne Art und Weise zunehmend offenbart.

Am Anfang wohnten Gott und Menschen zusammen. Wir können uns nicht vorstellen, wie dieser „Haushalt" ausgesehen haben muss. Alles, was wir sicher wissen, ist, dass Adam und Eva ihn verlassen mussten, nachdem sie gesündigt hatten. Als Folge des Sündenfalls wurden die Menschen heimatlos: Sie waren durch die Cherubim und einem flammenden Schwert von ihrem ursprünglichen Wohnort in Gottes Herrlichkeit ausgeschlossen.

Jahrhunderte später sah Mose diese Cherubim wieder, als er auf dem Gipfel eines Berges in eine übernatürliche Wolke eingehüllt war. Dort wies Gott ihn an, eine Nachbildung Seines himmlischen Wohnortes zu bauen. Gott wollte einen Außenposten unter Seinem Volk im Exil, damit Er anfangen konnte, ihnen Seinen Wunsch zu offenbaren, sie zurück zu ihrem wahren Zuhause zu bringen. Ganz Israel wusste schließlich, wo sich die Schechina befand, denn sie wurden Zeugen ihrer zwei hauptsächlichen Manifestationen: Der Wolke und des Feuers. Von diesem Zeitpunkt an wurden diese Wolken- bzw. Feuersäule der Schechina zum Mittelpunkt des Volkes Israel, zu ihrem wahren Zuhause. Wann immer sie sich bewegte, setzten auch sie sich wieder in Bewegung (siehe 2. Mose 40,36-38).

Wiederum einige Jahrhunderte später hatte König David es auf dem Herzen, ein Haus für den Herrn zu bauen. Die drückte das „Eine" am besten aus, was er sich wünschte – bei dem Herrn zu verweilen (siehe Psalm 27,4). Es traf sich gut, dass es auch das größte Herzensanliegen Gottes war, unter Seinem Volk zu wohnen. Außerdem lag es schon immer auf Gottes Herzen, dass Gott und Menschen zusammen wohnen würden. Aus diesem Grund hat Gott weder eine Stadt noch ein Gebäude erwählt, sondern einen Mann nach Seinem Herzen und dann erfüllt, was im Herzen dieses Mannes war. Obwohl Er David nicht erlaubte, den Tempel zu bauen, gab Er ihm einen detaillierten Plan, wie Er es auch schon bei Mose getan hatte (siehe 1. Chronik 28,19) und ermöglichte es schließlich Salomo, ihn zu errichten. Nachdem das gewaltige sieben-Jahre-Projekt vollendet war, nahm er Seine Wohnung darin ein.

Passenderweise wurde die Ankunft der Schechina in diesem neuen Zuhause von etwas begleitet, das bei der Stiftshütte noch nicht dagewesen war.

Als Sein Volk wie „aus einem Mund" ein herrliches Konzert erklingen ließ, nahm diese Wolke schließlich ihre Wohnung in dem Tempel ein. Dieses Haus verkörperte nun den gegenseitigen Wunsch Gottes und der Menschen, zusammen zu wohnen. Nach der Wolke kam vor den Augen der ganzen Nation auch das Feuer noch einmal herab (siehe 2. Chronik 7,1-3).

Die Schechina blieb nur etwas länger als 400 Jahre in Salomos Tempel, weil es das Volk Israel tragischerweise nicht schaffte, seinem Bund mit Gott treu zu bleiben, woraufhin es nach Assyrien und Babylonien in die Gefangenschaft geführt wurde. In einer dramatischen Vision, die er zu Beginn seiner Gefangenschaft empfing, sah der Prophet Hesekiel, wie der Herr die Stadt ins Gericht nahm und die Schechina deshalb den Tempel verließ (siehe Hesekiel 8-10).

Die biblischen Beschreibungen über die Errichtung des zweiten Tempels berichten nicht von einer Rückkehr der Schechina. Die Schechina kehrte nicht zu diesem Gebäude zurück, weil Gott stattdessen einen Mann erwählte. Dieser Mann wurde sowohl Sohn Davids als auch Sohn Gottes genannt. Jesus verkündete, dass Er die nächste Offenbarung der Schechina war, und zwar als Wohnung dessen, der verweilt (siehe Johannes 14,10-11,20).

Jesus kam nicht nur als die neue Stiftshütte zu uns, sondern er wollte uns zu einem Teil dieser Stiftshütte werden lassen. Das große Geheimnis des Kreuzes liegt darin, dass Jesus die Zerstörung Seines Körpers zuließ, damit er in der Lage war, ihn wieder aufzubauen. Diese Wiederherstellung sollte geschehen, indem Er die ganze Menschheit in das Haus brachte und uns zu Seinem Körper machte. Von diesem Zeitpunkt an, bezieht sich die Bibel immer auf den Leib Christi bzw. die Körper der Gläubigen, wenn von dem „Tempel" oder „Haus" Gottes die Rede ist.

John Chrysostom, ein alter Kirchenvater, schrieb: „Die wahre Schechina ist der Mensch." Wir dürfen nicht zögern, in die Fülle unserer Berufung als Träger der Schechina Herrlichkeit hineinzutreten.

Gedankenanstöße

In den Gemeinden wurde der Begriff Schechina Herrlichkeit oft als Synonym für laute und ausdrucksvolle Lobpreiserfahrungen verwendet. War dies geschichtlich betrachtet immer so? Auf welch vielfältige Art und Weise wurde sie dargestellt?

....

....

....

Wie zeigt sich im Leib Christi die Schechina Herrlichkeit?

....

....

....

Inwiefern trägst du einen Teil dazu bei, der Welt Gottes Schechina Herrlichkeit zu zeigen?

....

....

....

Meditation

Schechina beschreibt die Herrlichkeit „des Gottes, der wohnt" und eine der Hauptmerkmale Seiner Herrlichkeit ist genau dieses *Verweilen*. Wenn du das nicht begreifst, bist du nicht bereit dafür, diese Herrlichkeit zu sehen. Salomos Priester und das Volk wurden Zeugen des Momentes, in dem Gott in all Seiner Herrlichkeit Wohnung im Tempel nahm:

> *„...Und die Herrlichkeit des HERRN erfüllte das Haus. Und die Priester konnten nicht in das Haus des HERRN hineingehen, denn die Herrlichkeit des HERRN erfüllte das Haus des HERRN. Und alle Söhne Israel sahen das Feuer herabfahren und die Herrlichkeit des HERRN über dem Haus. Da knieten sie mit dem Gesicht zur Erde auf das Pflaster nieder und beteten an, und sie priesen den HERRN ..." (2. Chronik 7,1-3)*

Erlaube deinem eigenen Herzen, ein Wohnort zu werden, an dem Gottes Geist noch mehr willkommen ist, als bisher. Bete, dass du und die Mitglieder des Leibes Christi, mit denen du dein Leben teilst, reine Gefäße für Seine Herrlichkeit werden und bleiben.

Kapitel 31

WUNDER NACH DEM WIRBELSTURM

CHAD DEDMON

Wenn ich mit meinen Freunden unterwegs bin, sehe ich größere Durchbrüche des Geistes, als wenn ich alleine bin. Es ist ein Prinzip des Königreiches Gottes, dass eine Einheit im Geist die Salbung für Wunder erhöht.

Nach dem Hurrikan Katrina zum Beispiel, ging ich mit einigen meiner Freunde zum Astrodome in Houston, um den Opfern des Unglücks zu dienen. Schon Jahre vorher hatten wir von dem Tag geträumt, an dem wir zusammen in Stadien für ganze Massen von Menschen beten würden. Als sich schließlich die Gelegenheit bot, wussten wir, dass wir „das Eisen schmieden mussten, solange es heiß war". Obwohl wir alle ganztags arbeiteten, entschieden wir uns also, die Arbeit stehen und liegen zu lassen und uns auf den Weg nach Houston zu machen.

Das Stadion wurde aus Gesundheits- und Sicherheitsgründen abgeriegelt und man erklärte uns, dass nur geprüfte Mitarbeiter des Roten Kreuzes oder Mitglieder eines

Medienteams es betreten durften. Wir liefen zum Haupteingang und natürlich verwehrte uns der Sicherheitsbeamte der Nationalgarde den Zutritt. Etwas ernüchtert liefen wir zum Auto zurück, als mir plötzlich ein prophetisches Wort wieder einfiel, welches ich vor der Abfahrt erhalten hatte.

Meine Freunde hatten mir gesagt, dass uns bei der Ankunft am Astrodome der Eingang versperrt sei, aber die nächste Tür links davon offen sein würde. Ich hatte es als eine geistliche Tür interpretiert, doch plötzlich wurde mir klar, dass damit eine wirkliche Tür gemeint war.

Ich sagte zum Team: „Lasst es uns bei der nächsten Tür auf der linken Seite versuchen." Wir gingen also zu den Sicherheitsleuten dort und wurden ohne weitere Fragen eingeschleust.

Nach diesem Wunder fragten wir Gott im Gebet, was Er tun wollte und wir wurden mit einer schier unermesslichen Begeisterung erfüllt. Gleich darauf trafen wir auf eine Dame mit drei Bandscheibenvorfällen, die ihre Pritsche nicht verlassen konnte. Sie erlaubte uns, die Hände auf ihren Rücken zu legen und für sie zu beten. Sie beschrieb ein Gefühl der Elektrizität in ihrem Rücken. Wir baten sie, den Rücken einmal zu testen und zu unserem Erstaunen richtete sie sich sofort auf und berührte ihre Zehen, ohne jegliche Bewegungseinschränkung. Überglücklich rief sie: „Schaut euch das an, das hier konnte ich vorher nicht tun!" Sie wurde zu unserem Evangelisten, weil sie jedem in der Nähe zurief: „Sieh dir das an, ich bin geheilt; du musst von diesen Leuten für dich beten lassen."

Sie brachte uns einen Mann, der im Rollstuhl saß und versuchte ihn davon zu überzeugen, dass er durch unser Gebet geheilt würde. Während wir für ihn beteten, sah mein Freund Chris Overstreet eine Frau mit Handgelenkschiene vorbeilaufen und sagte zu ihr: „Entschuldigen Sie, aber Gott heilt gerade Ihr Handgelenk." Sie nahm die Schiene ab und bemerkte, dass die Schmerzen weg waren. Langsam versammelten sich immer mehr Menschen um uns herum, um Gebet zu empfangen. Andere liefen vorbei und sahen sich die verrückte Szene an. Die Tür zur Gegenwart Gottes öffnete sich mehr und mehr. Eine Dame lief vorbei, und als sie den Bereich betrat, in dem wir uns befanden, fiel sie sofort im Geist nieder, ohne dass irgendjemand sie berührt hatte. Ohne es zu wissen, war diese Frau mitten durch diese geistliche Tür gegangen und vom Heiligen Geist berührt worden. Ein Polizeibeamter kam herangestürmt, um nachzusehen, was los war. Völlig ruhig erklärte Chris ihm: „Es ist alles in Ordnung, Gott berührt sie gerade."

Einige Minuten später kam die Frau wieder zu sich und gestand, dass sie Alkoholikerin war. Sie erklärte, dass sie in den letzten Tagen keinen Tropfen davon trinken konnte und sie deshalb unter den Entzugserscheinungen litt. Sie sagte zu uns: „Was auch immer mich da eben berührt hat, es ist die Antwort für mein Leben." Daraufhin begannen wir zu beten, dass der Geist der Abhängigkeit ihren Körper verließ und sie mit dem Heiligen Geist gefüllt wurde. Sie fing an, hemmungslos zu lachen, sich auf dem Boden zu kugeln und zu rufen: „Es fühlt sich so gut an!"

Dann fanden wir heraus, dass die erste Dame, deren Rücken geheilt worden war, eine Tochter und Enkeltochter hatte, die dies alles beobachteten.

Ich ging auf die Tochter zu und sah eine offene Vision von ihr als fünfjähriges Mädchen. Ich erklärte, dass der Vater im Himmel in ihr etwas heilen wollte, was ihr im Alter von fünf Jahren geschehen war. Mit tränenüberströmtem Gesicht empfing sie die Liebe des Vaters. Ich fragte sie: „Möchten Sie Jesus als Ihren persönlichen Herrn und Retter annehmen?", woraufhin sie antwortete: „Ja, solange Sie auch für meine Tochter (die zufällig gerade fünf Jahre alt war) beten, damit auch sie Jesus kennenlernt." Als sie Jesus im Gebet einluden, beschwerte sich die Großmutter: „Ich will diesen Jesus auch kennenlernen; schließt mich nicht aus!" Also betete die ganze Familie zusammen, um Jesus zu empfangen.

Chris und ich begegneten außerdem einer Dame, deren Wirbelsäule zwei Jahre zuvor in einem Autounfall verletzt worden war. Seitdem saß sie im Rollstuhl und war nicht in der Lage selbst zu gehen. Als Chris und ich für sie beteten, begann die Kraft Gottes durch ihre Wirbelsäule zu fließen.

In diesem Moment schrie mich ein Mann an: „Was haben Sie mit mir gemacht? Sie haben so ein Voodoo-Ding mit mir gemacht!" Überrascht antwortete ich: „Was ist mit Ihnen geschehen?" Er erklärte, dass er nur vorbeigegangen war, als er eine Welle der Energie durch seine Knie fließen spürte, an denen bereits zwei Operationen gescheitert waren. Also forderte ich ihn auf: „Bewegen Sie Ihre Knie und testen Sie sie." Er begann, seine Knie zu überprüfen, indem er in die Luft zu sprang und Kniebeugen machte. Laut lachend verkündete er: „Ich fühle mich, als ob ich brandneue Knie hätte. Ich habe keinerlei Schmerzen oder Einschränkungen mehr!"

Ich erklärte ihm: „Was Sie soeben erlebt haben, hat nichts mit Voodoo zu tun; Jesus hat Sie geheilt, weil Er Sie liebt." Dann wandten wir unsere Aufmerksamkeit wieder der Frau im Rollstuhl zu und baten sie, ihren Rücken zu überprüfen. Sie ergriff die Initiative und stand von selbst aus dem Rollstuhl auf. Zum ersten Mal seit zwei Jahren lief sie hunderte von Metern.

Wir verbrachten mehrere Tage im Astrodome und sahen noch viele weitere Durchbrüche des Geistes. Dies waren nur einige der Geschichten, die wir erlebten. Meine Freunde und ich mussten uns gegenseitig kneifen, als uns bewusst wurde, dass soeben unsere Träume vor unseren eigenen Augen wahr wurden.

Gedankenanstöße

Hast du eine Vision dafür, zusammen mit Freunden in verschiedenen Umfeldern zu dienen? Hat es deiner Erfahrung nach bisher einen Unterschied gemacht, ob du mit anderen zusammengearbeitet hast oder nicht?

....

....

....

Welche Risiken ist unsere Gruppe in dem Bemühen nach der Leitung des Heiligen Geistes eingegangen, als wir im Astrodome dienten? Welchen Preis haben sie persönlich gezahlt, als sie zusammen beteten? Wie haben wir uns gegenseitig unterstützt? Würdest du vermuten, dass wir nach dem Erlebnis im Astrodome bessere Freunde waren als zuvor?

....

....

....

Was ist letztendlich der Sinn des Dienens im Team?

....

....

....

Meditation

Falls deine Begeisterung gestiegen ist, während du diesen Bericht gelesen hast (oder falls du an einen anderen geistgeleiteten Dienst denken musstest, von dem du gerne ein Teil wärst), dann bitte Gott dir zu helfen, Beziehungen zu knüpfen, die dich in deine übernatürliche Berufung eintreten lassen. Bitte ihn, Gunst und Gnade über dir freizusetzen, damit du geistliche Väter und Mütter, Brüder und Schwestern entdeckst. Sag Ihm, dass du dein Herz und deine Träume mit vertrauten, Gott hingegebenen Freunden verbinden willst. Es ist nicht zu viel, für eine Freundschaft zu beten, wie Jonathan und David sie hatten.

Kapitel 32

ZEICHEN, ÜBER DIE MAN SICH WUNDERT

BILL JOHNSON

Manchmal sehen wir höchst ungewöhnliche Situationen, die in sich selbst keine Bedeutung zu haben scheinen, wie zum Beispiel bei Mose und dem brennenden Busch. Gott bringt diese Ereignisse in unser Leben, um unsere Aufmerksamkeit zu erhalten, in der Hoffnung, dass wir uns von unseren eigenen Vorhaben und Plänen abwenden und „näher kommen".

„Als der HERR sah, dass Mose näher kam, rief er ihn aus dem Busch heraus an: »Mose! Mose!« »Ja«, antwortete Mose, »ich höre!« (2. Mose 3,4; Gute Nachricht Bibel).

Wir haben Freitagabends vor unserem Gottesdienst immer ein Gebetstreffen im Speisesaal der Gemeinde. Eines

Abends bin ich etwas früher dorthin gegangen, um alleine zu beten. Kurz nach meiner Ankunft, tauchte an der westlichen Fensterwand ein Wegekuckuck auf, der eine Eidechse im Schnabel hielt. Er begann am Fenster zu tanzen und zu springen, und es sah so aus, als ob er versuchte, hereinzukommen. Ich habe schon viel Zeit in der Natur verbracht, doch noch nie ist mir ein Wegekuckuck über den Weg gelaufen und ich habe in Nordkalifornien auch noch nie davon gehört. Ich näherte mich bis auf etwa einen Meter und dachte: *Das ist so komisch, dass es fast prophetisch sein muss.*

Wenige Minuten später verschwand er. Andere Leute kamen zum Gebet und der Raum begann, sich zu füllen. Plötzlich kehrte auch der Wegekuckuck zurück. Einer aus meinem Mitarbeiterteam bemerkte: „Oh, der Wegekuckuck ist wieder da." Ich fragte ihn, wie er das meinte. Er antwortete: „Ja, er war letzte Woche schon hier."

In den darauffolgenden Monaten kam der Wegekuckuck zu fast jedem Gebetstreffen, gewöhnlich wieder mit einer Eidechse im Schnabel. Einige unserer Jugendleiter fingen an, sich auch Mittwochabends vor ihrem Haupttreffen zum Beten zu treffen. Auch zu diesem Treffen kam der Kuckuck schließlich und hatte meist eine Eidechse im Schnabel. Ich unterrichtete damals Sonntagmorgens immer einen Kurs über Zeichen und Wunder. Eines Morgens lehrte ich über die „Zeichen, über die du dich wunderst" und gebrauchte den Wegekuckuck als Veranschaulichung. Als hätte er auf dieses Stichwort gewartet, kam er wieder an das Fenster geflogen. Die Leute deuteten auf ihn und sagten: „Hier ist er ja!" Ich war schockiert, weil er wirklich wie gerufen auftauchte.

Die Nachricht über dieses merkwürdige, wiederkehrende Ereignis verbreitete sich. Viele Leute wollten mir helfen, indem sie Nachforschungen über die Bedeutung anstellten. Man sagte mir, dass der Wegekuckuck mit dem

Adler verwandt ist. Sie sind zwei der wenigen Tierarten, die Klapperschlangen, die es in unserer Gegend gibt, töten und fressen. Ich wusste bereits, dass Adler ein Bild für das Prophetische sind und Schlangen normalerweise für den Teufel stehen. Es freute mich sehr zu wissen, dass der Feind durch die Zunahme des Prophetischen in den Boden gestampft wird.

Während dieser Zeit bauten wir gerade an unserem 24-Stunden-Gebetshaus, das wir das Alabaster Haus nannten. Der Kuckuck begann seine Aufmerksamkeit von unseren Gebetstreffen, hin zu diesem Gebäude zu lenken. Er ließ sich sogar auf einem Felsen nieder, den viele von uns aufgrund seiner außerordentlichen Ähnlichkeit mit einem Adlerkopf den Adlerfelsen getauft hatten. Es schien, als ob der Wegekuckuck, der Gebetstreffen liebte, nun das Bauprojekt des Gebetshauses überwachte.

Eines Tages gelangte er über den ursprünglichen Gebetsraum in das Innere des Gemeindegebäudes. Jason, einer unserer Hausmeister (und ein sehr prophetischer Student an unserer Schule des übernatürlichen Dienstes) fand den Vogel in einem großen Versammlungsraum im zweiten Stock. Jason drehte etwas Lobpreismusik auf, setzte sich in der Mitte des Raumes auf den Boden und betete den Herrn an. Der Wegekuckuck setzte sich direkt vor ihn und es sah so aus, als ob er mitmachte. Ab und zu verließ er Jason, hüpfte zum Fenster, als ob er hinausfliegen wollte, doch drehte dann wieder um und setzte sich vor Jason, der Lobpreis machte. Schließlich bekam Jason ein schlechtes Gewissen, weil er so viel Zeit in der Anbetung verbrachte, anstatt zu putzen, also machte er die Musik aus und ging hinunter, um andere Räume zu putzen. Der Kuckuck ging mit ihm. Plötzlich öffnete jemand im langen Gang eine Tür und erschreckte den Vogel. Er flog zum Ende des Ganges, knallte gegen die Fensterscheibe und starb sofort.

Dieser Vogel wurde für uns zu einem geliebten Bild. Er kam in einer Zeit, in der es bei uns finanziell sehr eng aussah. Die Eidechse in seinem Mund war wie eine Zusage Gottes an uns, dass er alles bringen würde, was wir für diese Bewegung Gottes brauchten. Da Adler die Propheten repräsentieren, war es offensichtlich, dass das Prophetische in unserer Gemeinde stärker und stärker werden würde.

Jason suchte mich auf, um mir diese traurige Nachricht zu überbringen. Ich bat ihn, mir zu zeigen, wo er den Vogel hingelegt hatte, damit wir ihn von den Toten auferwecken konnten. Zielstrebig und selbstbewusst liefen wir zu dem Ort, an dem der Vogel lag. Es schien mir völlig logisch, dass Gott wollte, dass der Wegekuckuck lebte. Warum sollte er wollen, dass unsere lebendige prophetische Botschaft tot dalag? Komischerweise spürte ich jedoch, wie die Salbung nachließ, als ich nur noch zwei bis drei Meter vom Vogel entfernt war. Ich stutzte. Gottes Gegenwart war sehr stark auf mir gewesen, bis ich ihm näherkam. Es war, als ob Gott mir damit sagen wollte, dass mein Entschluss zwar gut war, die zeitliche Abstimmung und Anwendung jedoch nicht stimmte.

Der Kuckuck wurde nicht wieder zum Leben erweckt. Darüber waren wir ziemlich traurig. Doch dann sprach der Herr zu mir: „Was ich in dieses Haus bringen werde, muss einen Weg nach draußen finden, sonst wird es im Haus sterben."

Dieses Wort bezog sich auf das Geld, das wir so dringend brauchten, auf die sich manifestierenden Gaben des Geistes, um die wir zu Gott riefen, die speziellen Salbungen, in denen wir wuchsen und die Menschen, die gerettet wurden. Das Wort war mit Kosten verbunden, aber glasklar: *Wir dürfen nur das behalten, was wir weitergeben.*

Gedankenanstöße

Obwohl dieses ungewöhnliche Zeichen in der Vergangenheit und in einer bestimmten Gemeinde passiert ist, wo es eine spezielle Bedeutung hatte – was hast du daraus gelernt? Füge diese neue Erkenntnis zu den anderen Dingen dazu, die du über das Hören der Stimme Gottes bereits gelernt hast.

....

....

....

Gibt Gott nur den Leuten prophetische Zeichen, die eine Leiter- oder Sprecherfunktion ausüben, wie zum Beispiel Mose oder Elia? Begründe deine Meinung!

....

....

....

Deuten ungewöhnliche Ereignisse immer auf etwas Prophetisches hin? Warum bzw. warum nicht? Wie kann man wissen, dass es ein prophetisches Zeichen ist?

....

....

....

Meditation

Gott spricht manchmal zu uns, indem er Wahrheiten in Formulierungen, Geschichten, Rätseln und Situationen versteckt. Wir können ihre Bedeutung finden. Wenn wir uns zu Gott hin neigen und Sein Reden erwarten, können wir leichter unterscheiden, ob die Umstände von Gott kommen oder es einfach nur ungewöhnliche Ereignisse des Lebens sind. Gottes einzigartige Sprache, Bedeutungen zu verstecken wird zu einer Einladung, sich auf Seine Abenteuer einzulassen.

Nimm dir die Zeit, dich gerade jetzt „zu Gott hinzuneigen“, besonders, wenn du über etwas, was ein prophetisches Zeichen zu sein scheint, ratlos bist. Wenn Er es dir heute nicht erklärt, höre weiter hin und denke darüber nach, bis du eine Antwort hast.

Kapitel 33

Das Erweckungs-Durcheinander

Danny Silk

Ich hatte immer insgeheim die Erwartung, dass alle Probleme in meinem Umfeld verschwinden würden, sobald Erweckung käme. Bewusst wurde es mir aber erst eines Tages, als aufgrund der vielen Probleme von Leuten, die mich umgaben, ein Gefühl des Unglaubens in mir hochkroch. Ich wurde mit Ehebruch, Kindesmissbrauch, Süchten, Lügen und vielen anderen Dingen konfrontiert. Ich fragte mich selbst: *Wenn Gott wirklich hier ist und Sein Königreich hereinbricht, warum bauen dann so viele Menschen noch so viel Mist in ihrem Leben?* Diese Frage brachte mich dazu, mehr als je zuvor über das Königreich Gottes nachzudenken. Ist der Himmel ein Ort, an dem Gott alle Entscheidungen kontrolliert? Was ist mit dem Garten Eden? Selbst dieser Ort bot Wahlmöglichkeiten.

Mir wurde klar, dass der Himmel auch falsche Entscheidungen zulässt. Dies muss der Fall sein, weil es ein Ort der Freiheit ist. Luzifer hat sich für das Falsche entschieden.

Schon oft habe ich Bill Johnson sagen hören: „Wenn man in einer Kultur der Gnade lebt, gibt das der Sünde in den Herzen der Menschen die Möglichkeit, ans Licht zu kommen." Wenn wir an einem Ort der erweckten Liebe und Annahme leben und den Menschen hundertprozentig Gottes bedingungslose Liebe entgegenbringen, dann wird die Sünde, die im Leben der Menschen noch schlummert bzw. die Sünde, mit der die Menschen noch kämpfen oder die sie zu verstecken suchen, offengelegt.

Darum sollten wir in unserer christlichen Kultur besser einen Weg finden, mit der Sünde effektiv umzugehen, wenn sie auftaucht.

Aus irgendeinem Grund sind wir zu der Überzeugung gelangt, dass die Gemeinde ein Ort ist, wo keine Sünde mehr sein wird. Das ist einfach nicht wahr. Wenn wir nicht wissen, wie wir mit Sünde umgehen sollen, dann wissen wir auch nicht, wie wir mit Menschen umzugehen haben. Wir schaffen zwangsläufig eine Kultur des Gesetzes, um die Menschen davon abzuhalten, zu sündigen. Die Botschaft dieser Kultur ist: „Behalte deine Sünde für dich. Zeig sie mir nicht. Ich kann damit nicht umgehen."

Vergiss nicht, dass die Pharisäer genau so damit umgegangen sind. Sie waren berühmt dafür, sich vor der Sünde zu fürchten, vor allem deshalb, weil Strafe die einzige Wiedergutmachung für ihre Sünden war. Die Angst vor Strafe regierte in ihren Herzen, in ihren Beziehungen und in ihrer Kultur. Jesus, auf der anderen Seite, hatte eine Gruppe von merkwürdigen Begleitern. Die Gruppe bestand aus Dieben, Zöllnern und Prostituierten. Verglichen mit den anderen religiösen Führern der damaligen Zeit, war Er der „Jesus von Las Vegas".

Jesus fürchtete sich nicht im Geringsten vor dem Durcheinander, das die Menschen bauten. Selbst die Leute, die drei Jahre lang persönlich mit Jesus unterwegs waren, fabrizierten in der Nacht vor Seiner Kreuzigung immer noch einen Haufen Mist. Doch Seine Liebe und die Art, wie Er die Leute leitete, gab ihnen letztendlich die Kraft, über ihre Fehler und Probleme hinauszuwachsen.

Ohne die Selbstkontrolle, die uns der Heilige Geist gibt, können wir in unserem Handeln immer nur aufeinander reagieren und schaffen so eine Kultur des Machtkampfes und der Anklage. „So wie du dich verhältst, löst das in mir Dinge aus, mit denen ich nicht weiß wie ich damit umgehen soll. Hör auf damit! Nun werde ich dir die Schuld geben, für das, was ich tue …“

Solch ein Chaos ist Gift für unser Umfeld, also müssen wir es offen konfrontieren, wenn etwas schief läuft – doch in Liebe und Ehre. Der Sinn einer liebevollen Konfrontation ist, etwas ans Licht zu bringen. Wenn ich mit einem sanftmütigen Geist auf eine Person zugehe, dann mache ich für sie sozusagen den Lichtschalter an. Ich möchte, dass diese Person sehen kann. Ich muss nicht ihre Reaktion kontrollieren. Mein Ziel ist es, dieser Person dabei zu helfen, die Unordnung wahrzunehmen, die sie verursacht hat. Ich möchte eine Art Verbündeter sein, der ihr bei der Überwindung des Problems zur Seite steht. Konfrontation im Königreich Gottes ist ein Prozess der Bevollmächtigung, keine Beherrschung. Wir rauben den Menschen die Möglichkeit der freien Entscheidung, wenn wir versuchen, das Ergebnis zu kontrollieren, weil wir ihnen ihre Selbstbestimmung nehmen und sie zu verantwortungslosen Opfern machen.

In einer Kultur der Regeln erwarten die Menschen nicht nur eine Strafe, wenn sie versagen, sie sind auch noch überwältigt von Scham. Scham ist nicht nur ein Gefühl; es ist ein *Geist*, der die Identität des Einzelnen angreift.

Dieser Geist flüstert folgende Lügen: „Du hast nicht nur

versagt; du bist ein Versager. Du hast nicht nur einen Fehler gemacht; du *bist* ein Fehler."

Es ist leicht, unsere wahre Identität zu vergessen, wenn wir wieder einmal versagt haben. Doch wenn jemand einschreitet und uns mit unserer wahren Identität konfrontiert, ist dies eine Tat der Liebe, die viel länger lebt, als der Stachel des Versagens und seine Folgen. Wir können uns über unsere Furcht und Scham hinwegheben. Wir können wieder klare Gedanken fassen und erhalten unsere Beziehungen zu anderen Menschen und zu Gott zurück.

Konfrontation ist ein Prozess, indem man auf das Leben einer anderen Person absichtlich etwas Druck ausübt, um die kaputten Stellen ausfindig zu machen. Wir können erst dann bessere Entscheidungen treffen und andere Ergebnisse erzielen, wenn wir wissen, was schief läuft. Jesaja 1,18 spricht:

> *So kommt denn und lasst uns miteinander rechten, spricht der HERR. Wenn eure Sünde auch blutrot ist, soll sie doch schneeweiß werden, und wenn sie rot ist wie Scharlach, soll sie doch wie Wolle werden. (Luther Bibel 1984)*

In anderen Worten sagt Gott, dass obwohl deine Sünden überall offensichtlich hervorkommen: „Wir können etwas dagegen tun." Es gibt Hoffnung. Noch wichtiger ist, dass Gott sagt: „Komm, wir wollen uns damit auseinandersetzen." Gottes Herzschlag und Sein Wunsch ist es, dass wir zu Ihm *kommen.* Er lädt uns ein, dass wir gemeinsam etwas ansehen, um es zu bereinigen.

Gedankenanstöße

Bist du auch unbewusst immer davon ausgegangen, dass Erweckung jedes Problem lösen und das Leben mühelos machen würde? Auch wenn du mehrfach enttäuscht wurdest – hast du dadurch besser verstehen können, wie eine erweckte Kultur des Königreichs Gottes aussieht? Bist du daran verzweifelt, einen Weg aus diesen wiederholten Schwierigkeiten zu finden? Warum bzw. warum nicht?

....

....

....

Genießt du ein gesundes Gemeindeumfeld? Denkst du, dass es eine Kultur der Gnade widerspiegelt? Woher weißt du, dass es so ist?

....

....

....

Denke zurück an eine wirklich erlebte Situation, in der du oder eine andere Person in deiner Gemeinde gesündigt hast, bzw. hat. Gehe im Gebet die Einzelheiten dieses Ereignisses noch einmal durch, indem du die Komponente der Gnade mit hineinnimmst, die du seither kennengelernt hast.

....

....

....

Meditation

Gott lädt jeden von uns ein, zu Ihm zu kommen und uns mit Ihm auseinanderzusetzen, damit wir sehen, was Er sieht und hört und was Er dazu zu sagen hat. Doch es fällt uns unglaublich schwer, uns Ihm alleine zu nähern, besonders wenn unsere Sünden unsere Gefühle überwältigt haben. Darum brauchen wir einander. Wir müssen einander in das Licht Seiner Gegenwart führen, damit wir die zerbrochenen Stellen sehen und Seine Stimme hören können, um zu wissen, was wir in dieser Situation tun sollen.

Mach jetzt einen Schritt auf Gott zu und Bitte Ihn, dass Er nicht nur dein Leben erhellt, sondern dir auch Freunde an die Seite stellt, die mit dir zusammen eine Kultur der Gnade und Erweckung leben wollen.

Kapitel 34

Quelle oder Zisterne?

Judy Franklin

Wir neigen dazu, Gottes Wirken kontrollieren zu wollen. Eines Tages hat Gott mich über dieses Thema anhand folgender Bibelstelle etwas gelehrt:

> *Denn eine doppelte Bosheit hat mein Volk begangen: Mich haben sie verlassen, die Quelle lebendigen Wassers, um sich dann Brunnen auszuhauen, rissige Brunnen, die das Wasser nicht halten. (Jeremia 2,13; Züricher Bibel)*

Nachdem ich diesen Vers gelesen hatte, gab mir der Herr sofort eine Vision. Ich sah eine Quelle, aus der Wasser floss. Viele Menschen hatten sich um diese Quelle versammelt. Sie tranken, spritzten sich voll und hatten Spaß zusammen. Mir fiel auf, dass das Wasser manchmal sehr stark floss und manchmal wieder verebbte. In den Momenten, in der der Wasserfluss am stärksten war, spritzte er sogar über den Rand des Beckens hinaus. Wenn er verebbte, rann gerade noch ein kleines Rinnsal aus der Quelle, doch auch dieses Wasser floss in das Becken. Die Menschen bemerkten auch die Veränderungen. Jemand sagte: „Lasst uns eine Zisterne bauen, damit wir das Wasser auffangen können. Man kann nie wissen, ob nicht am Ende die Quelle eines Tages noch versiegt und dann haben wir kein Wasser mehr. Außerdem wird es verschwendet, wenn es über den Beckenrand fließt."

Also gruben die Menschen ein Stück von der Quelle entfernt eine Zisterne. Sie besorgten sich Eimer und begannen, das Wasser vom Brunnen zu der Zisterne zu schaffen. Als die Zisterne voll war, gingen sie wieder ihren alltäglichen Geschäften nach und schöpften ihr Wasser aus der Zisterne, anstatt von der Quelle.

Es gab jedoch ein Problem. Diese Zisterne hatte ein Leck. Es war ein kleines Leck, also bemerkten die Menschen nicht, dass der Wasserspiegel immer weiter sank. Als neue Leute dorthin kamen, die nie die volle Zisterne gesehen hatten, nahmen sie einfach an, dass der Wasserspiegel schon immer diese Höhe gehabt hatte. Nach einer geraumen Zeit waren vom Wasser nicht mehr als Pfützen auf dem Grund der Zisterne übrig. Die Menschen mussten sich auf den Boden legen und tief in die Zisterne hinabreichen, um etwas Wasser zu holen. Inzwischen war das Wasser abgestanden, doch die Leute merkten nicht einmal, dass das Wasser widerlich schmeckte, weil die Erinnerung an den Geschmack des ursprünglichen Wassers verblasst war.

Doch dann erinnerte sich endlich jemand an die Quelle und dies löste große Begeisterung bei allen aus. Sie begaben sich zurück zu der Quelle, die nicht allzu weit entfernt war. Das Wasser floss immer noch und sie rannten dorthin, tranken daraus, spritzen umher und hatten viel Spaß. Sie wurden richtig wiederbelebt. Doch letzten Endes begann der ganze Kreislauf von neuem. Jemand schlug vor: „Lasst uns gehen und eine Zisterne bauen, um das Wasser aufzubewahren."

Dies gibt uns ein Bild der Erweckungsgeschichte. Das Wasser repräsentiert die Bewegung des Heiligen Geistes. Es gibt Leute, die genau dasselbe über die Bewegung Gottes sagen, wie diese Leute über die Quelle. Als das Wasser überfloss und auf den Boden tropfte, sagten Leute, dass dies eine Verschwendung sei. Sie nahmen an, dass es unnötig oder gar gefährlich sei. Natürlich war es um die Quelle herum matschig, dreckig. Vielleicht konnte durch das überfließende Wasser um die Quelle herum Unkraut wachsen. Gott hat die Quelle so stark fließen lassen, wie Er es wollte.

Warum haben die Menschen eine Zisterne gebaut? Aus Angst! „Was ist, wenn das Wasser aufhört zu fließen?", fragten sie sich. Angst bringt uns dazu, dem Vertrauenswürdigen zu misstrauen. Beachte, was Gott durch Jeremia sagte: *„Mich haben sie verlassen, die Quelle lebendigen Wassers …"*

Gott ist die Quelle und diese Quelle gehört für immer uns. Ist es möglich, dass Gott jemals austrocknet? Psalm 37,3 sagt: *„Vertraue auf den Herrn und tue Gutes, dann wirst du im Lande sicher leben, und es wird dir gut gehen."* (Neues Leben). Verlass Ihn nicht, nur weil du nicht alles verstehst oder weil du Angst hast, dass etwas Negatives passieren könnte. Vertraue darauf, dass Gott es wirklich besser weiß! Wenn das Wasser nur sehr leicht fließt und es so aussieht, als ob es aufhören könnte, ist es an der Zeit, dass wir unseren Glauben einsetzen. Gott hat versprochen, dass Er uns niemals verlassen wird. Seine Quelle versiegt niemals. Das Becken wird nie austrocknen. Die verhaltenen Zeiten sind unsere Chance, die Zeiten des Überflusses mehr schätzen zu lernen. Er möchte mit Sicherheit, dass wir lernen, Ihm zu vertrauen, ganz egal ob die Dinge schnell oder langsam fließen.

Die Zisterne ist ein Bild von unserem Versuch, zu kontrollieren und festzuhalten, was Gott gerade tut. Wenn wir mit Furcht die Tür öffnen, erlauben wir einem Geist der Kontrolle hereinzukommen. Was immer du kontrollierst, wird stagnieren. Es mag über einen langen oder kurzen Zeitraum geschehen, doch darauf wird es letztendlich hinauslaufen. Wenn wir Gott nicht vertrauen, tun wir die Dinge so, wie wir es wollen. Wir versuchen zu kontrollieren, was Er uns gegeben hat. Das Problem mit der Kontrolle ist nur, dass es die Bewegung des Heiligen Geistes stoppt. Es betrübt ihn, weil wir Ihm dadurch signalisieren, dass wir Ihm nicht vertrauen und nur die Vorzüge Seiner Gegenwart wollen, anstatt die Gegenwart an sich. Wie könnten wir uns jemals nach irgendetwas mehr sehnen, als nach Seiner Gegenwart?

Beachte, dass Jeremia sagt, dass sowohl das Verlassen der Quelle, als auch das Bauen von Brunnen zwei Bosheiten sind. Es sind nicht einfach nur kleine Fehler oder Sünden; sie werden „doppelte Bosheit" genannt. Eine Bedeutung von *Bosheit* im Hebräischen ist „zerstören". Angst und Kontrolle zerstören die Werke Gottes.

Gedankenanstöße

Was ist der bedeutendste Unterschied zwischen einer Quelle und einer Zisterne? Inwiefern drückt dies geistliche Lebendigkeit aus? Hast du schon einmal Wasser in einem Brunnen, einem Trog oder einer Vogeltränke stehen lassen? Was ist mit der Zeit passiert?

....

....

....

Wenn man im Hinterkopf behält, was Jeremia geschrieben hat, was bedeutet dann Psalm 68;27 ? Dort heißt es: *Preist Gott in Versammlungen, den HERRN, die ihr aus dem Quell Israels seid!*

....

....

....

Weißt du was es bedeutet, sich mehr nach Gottes Gegenwart zu sehnen, als nach den Vorzügen Seiner Gegenwart? Weißt du auch, was es bedeutet, die Vorzüge Seiner Gegenwart mehr zu begehren, als Gott Selbst?

....

....

....

Meditation

Wenn die Quelle überfließt und Wasser in den Boden sinkt, entsteht daraus vielleicht in der Erde ein Wasservorrat, der in der Zukunft wiederum für andere Menschen eine Quelle sein wird. Es könnte zum Beispiel jemand vorbeikommen und den Matsch gebrauchen, um einen blinden Mann wieder sehend zu machen. Vielleicht sind das, was wir für Unkraut halten, in Wirklichkeit wunderschöne blühende Blumen.

Bitte Gott, dein Herz so weich zu halten, wie die Erde um eine überfließende Quelle Seiner Gegenwart herum. Bitte Ihn, dass Er Seine Quelle in deinem Leben und in dem Leben deiner Gemeinde, so fließen lässt, wie Er es möchte.

Kapitel 35

HINTERLASSE DEIN EIGENES ERBE

ERIC JOHNSON

Im Alten Testament wurde sehr viel Wert auf das Erbe gelegt, dass in einer Familie weitergereicht wurde. Im Neuen Testament können wir hier eine Veränderung sehen: Wenn wir an Ihn glauben, werden wir in die Familie Gottes eingepfropft, egal wie unsere Blutverwandtschaft aussieht.

Paulus erklärt dies ganz einfach so: Wir wurden als Söhne und Töchter adoptiert und durch den Reichtum Seiner Gnade haben wir jeden geistlichen Segen erhalten (siehe Epheser 1,3-8). Selbst wenn wir also nicht aus einer Blutsverwandtschaft mit reichem Erbe kommen, werden wir in das größte Erbe des Universums hineingepflanzt.

Wenn ich über dieses Thema lehre, kommen immer wieder Personen auf mich zu, die sagen: „Ich habe kein Erbe und auf meine Familie kann ich auch nicht gerade stolz sein."

Gewöhnlich antworte ich dann so: „Das ist perfekt!"

Natürlich sind sie dann erst einmal verblüfft. Doch der Grund, warum dies der perfekte Zustand ist, ist folgender: Diejenigen, die kein natürliches Erbe besitzen, bekommen die großartige Möglichkeit ihr eigenes Erbe aufzubauen. Wir dienen einem erlösenden Gott. Er ist der Gott der Erlösten. Unsere Fähigkeit, ein Erbe und eine Hinterlassenschaft aufzubauen, wurzelt tief in der Tatsache, dass unser Papa es liebt, Menschen zu erlösen.

Jeremia 12,15 sagt:

> *Und es soll geschehen, nachdem ich sie herausgerissen habe, werde ich mich wieder über sie erbarmen und sie zurückbringen, einen jeden in sein Erbteil und einen jeden in sein Land.*

Gott verspricht hier, uns zu unserem Erbe zurückzubringen, nachdem Er uns aus schlechtem Boden herausgerissen hat. Wir dienen einem erlösenden Gott, der es sich zur Aufgabe gemacht hat, uns wieder zu unserem Erbe zurückzuführen. Wir wurden wieder in die Familie Gottes hineingepflanzt.

Im vergangenen Jahr hatte ich die Möglichkeit, vor den Studenten des ersten und zweiten Jahrgangs unserer Bethel Schule des Übernatürlichen Dienstes, die Mutter meines Vaters zu interviewen. So erhielt sie die Gelegenheit, etwas von der Geschichte und dem Erbe zu erzählen, die dazu beigetragen haben, das Umfeld zu schaffen, in welchem die Studenten jetzt leben. Sie teilte auch ein Blatt mit einer Liste von Bibelversen der Familie aus. Diese Bibelstellen enthielten Versprechen Gottes, die wir angenommen und all die Jahre über unseren Familien ausgesprochen haben.

Als meine Oma dieses Blatt austeilte, sagte sie: „Dies sind jetzt Versprechen für euch und eure Familien." Hiermit gab sie den Studenten ein Erbe weiter, das zu dem

Ihren wurde. Das Dach meiner Großmutter wurde also zum neuen Boden der Studenten.

Hier sind einige der biblischen Versprechen, an denen sich meine Familie über Generationen hinweg festgehalten hat und die sie über unserem Zuhause und Leben freigesetzt hat. Nimm diese Verse und sprich sie über dir und deiner Familie aus. Lass dies zu der Grundlage werden, auf der du weiter aufbaust:

Ich aber und mein Haus, wir wollen dem HERRN dienen! (Josua 24,15b)

Der Ratschluss des HERRN hat ewig Bestand, die Gedanken seines Herzens von Generation zu Generation. (Psalm 33,11)

Lass deine Diener dein mächtiges Handeln erleben, über ihren Kindern lass deine Herrlichkeit sichtbar werden! (Psalm 90,16; NGÜ)

Denn gut ist der HERR. Seine Gnade ist ewig und seine Treue von Generation zu Generation. (Psalm 100,5)

Auch Kinder sind eine Gabe des Herrn, ja, Fruchtbarkeit ist ein großes Geschenk! (Psalm 127,3; NGÜ)

In der Furcht des HERRN liegt ein starkes Vertrauen, auch seine Kinder haben eine Zuflucht. (Sprüche 14,26)

Und seine Barmherzigkeit ist von Geschlecht zu Geschlecht über die, welche ihn fürchten. (Lukas 1,50)

»Und es wird geschehen in den letzten Tagen, spricht Gott, dass ich von meinem Geist ausgießen werde auf alles Fleisch, und eure Söhne und eure Töchter werden

weissagen, und eure jungen Männer werden Gesichte sehen, und eure Ältesten werden in Träumen Visionen haben; (Apostelgeschichte 2,17)

Sie aber sprachen: Glaube an den Herrn Jesus, und du wirst gerettet werden, du und dein Haus. (Apostelgeschichte 16,31)

Bewusst für Generationen zu leben, die wir nie sehen werden, ist sowohl eine unglaubliche Möglichkeit als auch eine große Verantwortung. Wenn Menschen neu verstehen, dass unser Gott ein Gott des Überflusses ist, dann fangen sie automatisch an, für die Generationen zu leben, die nach ihnen kommen. Doch wenn Menschen das Leben als Christ nur auf ihr eigenes reduzieren oder sie sich ganz von ihren Mängeln vereinnahmen lassen, verlieren sie oft genau diese Fähigkeit.

Die Vergangenheit lehrt uns: Wofür eine Generation teuer bezahlt hat, kostet die nächste Generation oft gar nichts. Wenn wir ein Erbe aufbauen wollen, müssen wir damit einverstanden sein, dass wir vielleicht unser ganzes Leben damit verbringen, etwas aufzubauen und es dennoch an der nächsten Generation liegt, mit dem für sie Vorbereiteten weiter zu gehen.

Gedankenanstöße

Inwiefern unterscheidet sich unser natürliches Erbe vom geistlichen Erbe? Was haben sie gemeinsam? Welche Erfahrung hast du bisher mit beiden Arten von Hinterlassenschaft gemacht?

....

....

....

Wo befindest du dich gerade, wenn es um das Aufbauen eines Erbes geht? Hast du von deinen Eltern und vorherigen Generationen ein göttliches Erbe erhalten oder musstest du ganz von vorne anfangen? Dein momentaner Standpunkt nimmt Einfluss darauf, wie das Aufbauen eines Erbes bei dir aussieht.

....

....

....

Welches der oben genannten Versprechen nimmst du mit der größten Begeisterung für dich in Anspruch? Warum ist es für dich so besonders?

....

....

....

Meditation

Wenn Menschen über materielles Erbe sprechen, mahnen sie oft: „Du kannst es letztendlich nicht mit dir nehmen." Das ist wahr. Doch oft vernachlässigen sie die wichtigste Art von Erbe – Errettung und Erlösung – welche du eben doch mitnehmen kannst. Dieses geistliche Erbe sind keine Luftschlösser für irgendeinen späteren Zeitpunkt. Es beginnt jetzt und versorgt dich mit allem, was du brauchst, um ein Leben des Königreiches Gottes zu führen. Wenn du dein Erbe von Gott – egal, ob du auf dem aufbaust, was du von früheren Generationen erhalten hast oder ob du von neuem anfängst – fruchtbringend „investierst", wird es vielfach zurückkommen, so dass du wiederum deinen natürlichen und/oder geistlichen Kindern ein gutes Erbe hinterlassen kannst.

Wenn du die bereits erwähnten Versprechen der Bibel für deine eigene Familie in Anspruch nimmst und sie zu den deinen machst, wäre es eine gute Idee, sie auch in unterschiedlichen Bibelübersetzungen zu lesen. Manchmal kann das Austauschen eines einzigen Wortes eine neue, tiefere Bedeutung offenbaren und das Versprechen für dich noch persönlicher machen.

Kapitel 36

Kraftvolles Gebet

Kevin Dedmon

In gewisser Hinsicht versuchen alle Religionen dieser Welt, ihren Gott bzw. ihre Götter so zu beeinflussen, dass sie für sie eingreifen. Ich habe zwei Wochen in Indien gedient, wo die Menschen hunderte von Göttern anbeten, um Schutz, Versorgung, Heilung und die Stillung anderer Bedürfnisse zu erhalten. Eines Tages besuchten wir einen Ort, an den jedes Jahr innerhalb von zwei Wochen etwa 30 Millionen Männer pilgern. Sie kriechen auf ihren Bäuchen, ritzen sich und beten vorgefertigte Mantras vor sich hin, weil sie hoffen, dass sie die sechs Felsen auf der Kuppe eines Hügels dazu bringen können, sie durch ihre angeblichen übernatürlichen Kräfte zu segnen.

Jahr für Jahr treten sie trotz unbeantworteter Gebete die gleiche Reise an, um diese Felsen anzubeten. In der Hoffnung auf einen Durchbruch fahren sie immer weiter mit ihren vergeblichen Bitten fort. Es erinnerte mich an einen Satz, den man Albert Einstein zuschreibt: „Die Definition von Wahnsinn ist, immer wieder erfolglos das Gleiche zu tun und andere Ergebnisse zu erwarten."

In diesem Zusammenhang rät Jesus uns, nicht wie die Heiden zu plappern, die denken, dass sie aufgrund ihrer vielen Worte erhört werden (siehe Matthäus 6,7). Die Heiden nennen ein Gebet dann effektiv, wenn man nur lange Zeit die richtigen Worte betet. Doch möglichst lange und sich wiederholende Gebete sind nicht der Schlüssel, um Gottes Königreich freizusetzen.

Jesus warnte Seine Jünger auch, nicht wie die Heuchler zu beten, wobei Er sich höchstwahrscheinlich auf die damaligen geistlichen Leiter bezog, die aus ihrem Gebet eine Show machten (siehe Matthäus 6,5). Redegewandtheit und bewusst nach außen hin gezeigte Hingabe werden Gott nicht dazu bewegen, sich um unsere Nöte und Sehnsüchte zu kümmern. Religiöse Gebete können die Welt nicht verändern.

Zur Zeit Jesu hatten sich die religiösen Leiter einige Gebete ausgedacht, die Gott ihrer Meinung nach sicherlich dazu bewegen würden, sie zu segnen. Diese Gebete mussten auswendig gelernt und perfekt ausgesprochen werden, um zu wirken. Sie waren Formeln, die den Himmel auf die Erde bringen sollten.

Die Schma (siehe 5. Mose 6:4-9), beispielsweise, musste zweimal täglich laut zitiert werden, damit man sich des Segens Gottes sicher sein konnte. Die Amida, auch als die Achtzehn Segnungen bekannt, musste einmal pro Tag Wort für Wort aufgesagt werden. Auf ein DIN A 4 Blatt gedruckt wären das sieben volle Seiten!

Zusätzlich gab es noch verschiedene Formen des Kaddisch. Das waren geschriebene Gebete, welche – sofern sie richtig zitiert wurden – spezielle Segnungen für jede Situation und jedes Bedürfnis des Lebens freisetzten. Es gab das

Sabbatkaddisch, das Passakaddisch, ein Hochzeitskaddisch und ein Beerdigungskaddisch, um nur einige wenige zu nennen. Um sicherzugehen, dass Gott für sie den Himmel auf die Erde bringen würde, deckten die vielen jüdischen Gebete jeden einzelnen Bereich des Lebens ab.

Jesus zeigte Seinen Jüngern, wie sie viel einfacher beten konnten. Mit der Bitte *„Unser tägliches Brot gib uns heute"* (Matthäus 6,11) lehrte Er sie, wie sie den Himmel dazu bewegen können, ihren Bedürfnissen zu begegnen, egal, ob es Ernährung, emotionale Stärke, Trost, geistliche Erneuerung, übernatürliches Eingreifen in bestimmten Situationen oder körperliche Heilung betraf. Folgendes wies Er sie an zu beten, um eine himmlische Versöhnung unter den Menschen zu bewirken: *„und vergib uns unsere Schulden, wie auch wir unseren Schuldnern vergeben"* (Matthäus 6,12). Er lehrte sie außerdem, durch das Gebet *„errette uns von dem Bösen"* (Matthäus 6,13) den Himmel auch auf die Erde zu bringen, um die Mächte des Bösen zu überwinden.

Was Jesus den Jüngern in Matthäus 6 letztendlich klarmachen wollte, ist, dass die Art von Gebet, die Gottes Arm bewegt, nicht daraus besteht, dass man wie aus der Pistole geschossen die richtigen Worte, die exakte Formel oder die perfekte Technik liefern kann.

Ein natürlich übernatürliches Leben zu führen und Gottes Königreich freizusetzen, ist das Ergebnis eines Lebens in lebendiger, enger Beziehung mit Gott.

Jesus lehrte Seine Jünger, folgendermaßen zu beten:

> *„Unser Vater, der du bist in den Himmeln, geheiligt werde dein Name; dein Reich komme; dein Wille geschehe, wie im Himmel, so auch auf Erden!" (Matthäus 6,9-10).*

Hierdurch zeigte Er ihnen, wie man Einfluss darauf nehmen kann, dass der Himmel auf die Erde kommt. Er lehrte sie, wie man von Gott die Freisetzung Seines Königreichs erbittet und Sein Eingreifen in den Angelegenheiten der Menschen bewirkt.

Das Ziel dieser Art von bittendem Gebet ist, etwas zu verändern, etwas zu bewegen und Gottes Eingreifen zu verursachen, wo es andere nicht können. Es bedeutet, Gott um ein Wunder zu bitten, wo es keine Hoffnung mehr gibt. Es verursacht, dass der Himmel auf Erden hereinbricht, damit Sein Königreich kommt und Sein Wille wie im Himmel auch auf Erden geschieht. Die Worte an sich können variieren, doch das Herz des Beters bzw. der Beterin ist ein Echo des Herzensanliegens Gottes.

Dies ist unser Vorbild des Gebets, denn unser Ziel ist es, den Himmel auf die Erde zu holen.

Gedankenanstöße

Was ist deiner Meinung nach der Grund dafür, dass Menschen sich gerne Routinegebete und religiöse Rituale ausdenken, die sie regelmäßig wiederholen und auf die sie sich ganz verlassen? Hast du auch bei dir selbst oder den Menschen in deinem Umfeld solch eine Tendenz bemerkt?

....

....

....

Inwiefern unterscheidet sich das Vaterunser (das du in Matthäus 6,9-13 und Lukas 11,2-4 findest) von jedem anderen oft wiederholten Gebet, dessen Worte im Vorhinein festgelegt wurden? Wie können auch andere traditionelle Gebete zu wahrem Gebet und Kommunikation mit Gott werden? Was ist der entscheidende Punkt?

....

....

....

Was bedeutet es, „den Himmel auf die Erde zu holen“? Wie können deine Gebete dies bewirken?

....

....

....

Meditation

Meditiere über jedem Satz, wenn du das Vaterunser aus Matthäus 6,9-13 betest. Überlege dir, wie du die verschiedenen Aspekte des Gebets gleich persönlich anwenden kannst:

Unser Vater im Himmel!
Dein Name werde geheiligt. Dein Reich komme.
Dein Wille geschehe wie im Himmel so auf Erden.
Unser tägliches Brot gib uns heute. Und vergib uns unsere Schuld, wie auch wir vergeben unsern Schuldigern.
Und führe uns nicht in Versuchung, sondern erlöse uns von dem Bösen.
Denn dein ist das Reich und die Kraft und die Herrlichkeit in Ewigkeit. Amen.
(Luther 1984)

Kapitel 37

MEHR ALS NUR EIN MANTEL

BILL JOHNSON

Mich persönlich stößt es ab, wenn Leute behaupten, den Mantel Smith Wigglesworths oder eines anderen Glaubenshelden erhalten zu haben. Zuerst einmal sollte das wenn, dann jemand anderes über sie sagen. Wir sollten niemals selbst Anspruch darauf erheben. Zweitens ist der Zweck dieses Mantels nicht, dass wir uns über die Gabe einer anderen Person identifizieren. Er sollte dazu dienen, von früheren Durchbrüchen zu profitieren und darauf aufzubauen, damit wir in die wahre Bestimmung Gottes für uns und unsere Generation eintreten können. Gott braucht keinen neuen Wigglesworth, so herausragend wie dieser auch war. Er möchte, dass sich du und ich, so wie wir sind, Seiner Berufung hingeben und wir die Durchbrüche der vorherigen Generationen nutzen, um ein neues Ziel zu erreichen.

Was Er für uns geplant hat, ist viel größer, als wir denken – und lässt sich nicht durch bloße Entschlossenheit erreichen. Ja, es braucht sogar die vereinten Kräfte mehrerer Generationen, um unseren gottgegebenen Auftrag auszuführen. Es geht sogar noch über eine Einheit der Generationen hinaus, die das Privileg haben, zur gleichen Zeit zu leben. Es erfordert eine Wiederentdeckung des Prinzips geistlichen Erbes durch die Einheit vergangener und gegenwärtiger Generationen. Dies kann nur in einer wahren Einheit im Geist geschehen, denn Er allein kennt den zugedachten Herzschlag jeder Generation.

Auf König David folgten einige Herrscher, die einen besonderen Segen von Gott empfingen, einfach, weil sie seine Nachkommen waren. David hatte solch einen Standard des Sieges und der Gunst Gottes erreicht, dass dies für alle anderen zum Segen wurde, sowohl für Seine damaligen Untertanen als auch für die nachfolgenden Generationen. Leider haben die meisten Könige dieses empfangene Erbe nicht wertgeschätzt und wurden von der Macht und den Vorrechten ihrer Stellung völlig vereinnahmt.

Durch ein Erbe erhalten Menschen einen Vorteil, sofern er richtig genutzt wird. Doch es kann sie teuer zu stehen kommen, wenn sie dies nicht tun. Die Nachkommen Davids begannen ihr Leben in hoher Stellung und großer Gunst von Gott. Die Gunst Gottes ist abgesehen von Seiner unmittelbaren Gegenwart, das größtmögliche geistliche Erbe. Sie ist wie Geld auf der Bank des Himmels. Doch mit dem Geistlichen verhält es sich wie mit dem Natürlichen. Geld auf der Bank zu haben, bedeutet nicht automatisch, dass man es richtig gebraucht. Viele Menschen haben Schiffbruch erlitten, weil sie ihr geistliches Erbe nicht richtig verwaltet haben.

Es ist bekannt, dass Kinder von Predigern oft sündig und rebellisch leben. Ist es möglich, dass die Mächte der Finsternis sie besonders unter Beschuss nehmen, weil eine große Gunst auf ihnen ruht und sie Anwärter auf ein außergewöhnliches Erbe sind, auf dem sie aufbauen können? Ihr Zugang zu geistlichem Erbe stellt für die Finsternis eine große Bedrohung dar. Wie die wenigen privilegierten Söhne und Töchter, die Millionen erben und in Ausschweifung leben, soll nun auch diese besondere Nachkommenschaft von ihrer Bestimmung abgebracht werden.

Manchmal verfehlen sie ihre Berufung aufgrund der Doppelmoral im Zuhause des Predigers. Sie untergräbt schließlich die Bestimmung der Kinder. Wenn sie eine Botschaft von der Kanzel hören und zu Hause jedoch eine ganz andere vorgelebt bekommen, nehmen sie diese Widersprüchlichkeit als Rechtfertigung dafür, den von den Eltern gepredigten Glauben zu verlassen. Manchmal wird dies auch von Gemeindemitgliedern verursacht, die mit ihrer Kritik und ihren ungerechtfertigten Forderungen, die sie den Kindern dieser Männer und Frauen Gottes auferlegen, dem Teufel geradezu in die Hände spielen. Bedauerlicherweise sind solche Fälle keine Seltenheit.

Religion ist kraftlose Formalität. Sie ist grausam und langweilig und hat vielen jungen Menschen mit großem geistlichem Potenzial das Leben weggenommen.

Ein Erbe offenbart immer auch eine Bestimmung. Wir sind gesegnet in einer Zeit zu leben, in der sich das Blatt wendet und immer mehr Menschen lernen, wie sie aus ihrer Position im Leben etwas Gutes machen können. Mehr und mehr Nachkommen mächtiger Männer und Frauen fangen an, ihr Potential voll auszuschöpfen.

Durch die zunehmende Ausrüstung der Heiligen sollte das, was Personen einst als ungewöhnlich begabt ausgezeichnet hat, ein neuer Standard für den Leib Christi werden. Das ist geistliches Erbe, praktisch angewandt. Es geschieht zum einen unmittelbar durch Übung, Jüngerschaft und Anteilgabe, zum anderen auch indirekt durch Ehre, Respekt, Bibelstudium und Gebet.

Das ist es, was Mose sich wünschte, als er sagte: „*Mögen doch alle im Volk des HERRN Propheten sein, dass der HERR seinen Geist auf sie lege!*“ (4. Mose 11,29). Zwar korrigierte er hier Josuas Denken, doch er prophezeite auch, dass der Tag kommen würde, an dem der Heilige Geist auf das ganze Volk Gottes ausgegossen würde und dies einen neuen Standard für das setzen würde, was jeder Gläubige erreichen kann.

Es bedeutet, dass die außergewöhnliche Salbung eines Einzelnen, der Besitz und die Erfahrung aller werden würde. Hier entfalten sich unbegreifliche Möglichkeiten.

Gedankenanstöße

Wer hält vertrauensvoll das Erbe in der Hand, das du einmal erhalten wirst? Hast du bereits das „Reifealter“ erreicht? Bist du bereit, mehr Verantwortung zu übernehmen als zuvor? Bist du in der Lage, deine unzulänglichen Vorstellungen davon, was es heißt, eine Berufung und Salbung zu erben, abzulegen?

....

....

....

Ist es falsch, hier von Übertragung oder Weitergabe von Mänteln zu sprechen? Wo finden solche Dinge ihren Platz im Gesamtbild?

....

....

....

Waren die hoch geachteten Heiligen vor deiner Zeit in jeder Hinsicht perfekt? Was hat sie von anderen unvollkommenen Menschen unterschieden? Wie kannst du am besten in ihre Fußstapfen treten?

....

....

....

Meditation

Die Möglichkeiten im Königreich Gottes erweitern sich ständig. Sie sind immer größer, als wir uns vorstellen können. Warum solltest du dich auf die „Weitergabe“ oder den „Mantel“ einer anderen Person begrenzen, wenn du doch unbeschränkt Zugang zu Gottes Vorrat an Kraft hast, die nur darauf wartet, sich durch dich auszudrücken?

Zugegeben, niemand alleine kann sie völlig besitzen oder zum Ausdruck bringen. Darum hast du rund um den Globus Brüder und Schwestern in Christus. In Einheit mit ihnen kannst du deinen Teil dazu beitragen, mit dem Erbe deines himmlischen Vaters zu leben – und als ein Verwalter für andere zu dienen.

Tue Buße für deine engstirnige Interpretation dessen, was es bedeutet, in deinem vollen Erbe zu wandeln. Lass dich darauf ein, dass dich dein Vater auf eine neue Ebene an Kindschaft führt, denn das bereitet Ihm wirklich Freude.

Kapitel 38

Was an einem einzigen Tag alles möglich ist

BANNING LIEBSCHER

Als wir anfingen, *Jesus Culture* Konferenzen zu veranstalten, wurde uns schnell bewusst, dass es nicht sehr effektiv sein würde, die Menschen zu lehren, dass sie zu einer neuen Generation an Erweckungsträgern gehörten, ohne ihnen tatsächlich die Möglichkeit zu geben, es selbst zu erleben. Die Leute müssen motiviert und ermutigt werden, einfach nach draußen zu gehen, ein Wort der Erkenntnis zu empfangen und für die Menschen dort zu beten und ihnen somit eine Begegnung mit Gott ermöglichen.

Mein wahrscheinlich liebstes Zeugnis von allen, entstand bei einer unserer Konferenzen in Redding. Bevor eine Gruppe junger Leute von der Gemeinde aus loszog, nahm sich ihr Leiter mit ihnen die Zeit, auf Worte der Erkenntnis durch den Heiligen Geist zu warten. Daraufhin sah eine der Teenagerinnen vor ihrem inneren Auge das Bild eines gebrochenen Baumes.

Die Gruppe wurde schließlich auf dem Parkplatz eines Lebensmittelgeschäftes abgesetzt, doch sie konnten dort nichts entdecken, was auch nur annähernd auf die Beschreibung des Mädchens passte. Sie entschieden sich dazu, in ein benachbartes Wohngebiet zu gehen, um den Baum zu finden. Als sie so durch die Straßen schlenderten, sahen sie einen Klempner an seinem Lieferwagen stehen. Gemeinsam gingen sie auf ihn zu und fragten ihn, ob er für irgendetwas Gebet brauchte. Sofort platzte er heraus: „Ja, meine Frau ist Alkoholikerin." (Daran kann man erkennen, wie verzweifelt manche Menschen sind, sodass sogar ein erwachsener Mann einer Gruppe von Teenagern seine Situation Zuhause anvertraut.)

Gemeinsam mit ihm beugten sie ihre Köpfe und beteten für seine Frau. Während des Gebets erhielt einer von ihnen ein Wort der Erkenntnis über Knieschmerzen. Nachdem sie das Gebet beendet hatten, fragte er also den Mann, ob mit seinen Knien irgendetwas nicht stimmte. Er sah sie erstaunt an und fragte: „Woher wusstet ihr, dass ich Knieprobleme habe?"

Sie antworteten: „Es ist so, dass Gott zu uns spricht und Er hat uns gesagt, dass Sie Knieprobleme haben." Sie fragten ihn, ob sie dafür beten durften und als er zustimmte, knieten sie nieder, legten ihre Hände auf seine Knie und beteten um die Freisetzung der Kraft Gottes. Einer von ihnen betete: „Gott, heile seine Knie. Nimm das Wasser aus den Knien und stelle die Knorpel wieder her."

Der Mann trat erschrocken einen Schritt zurück. „Woher wusstest du, dass ich in meinen Knien Wasser habe und woher weißt du, dass mir Knorpelmasse fehlt?"

Wieder sagten sie: „Wir haben ihnen doch schon

erzählt, dass Gott zu uns spricht." Sie baten ihn, seine Knie auszuprobieren. Der Klempner bewegte seine Beine auf und ab und bemerkte, dass alle Schmerzen seine Knie verlassen hatten. Er war geheilt.

Die Teenager segneten ihn und sie gingen dann weiter, um den zerstörten Baum zu finden. Auf dem Weg hatten sie noch ein weiteres ungewöhnliches Erlebnis. Sie fühlten sich geleitet eine Telefonnummer anzurufen, die sich auf einem öffentlich aushängenden Handzettel befand. Diesmal betete der Leiter mit dem Mann am anderen Ende der Leitung für Befreiung und half ihm zu verstehen, was es mit dem Ganzen auf sich hatte.

Als das Team nach dem Anruf die Straße herablief, entdeckte das Mädchen den Baum. Laut rief sie: „Schaut, dort ist er! Hinter dieser Tankstelle. Das ist der Baum, den ich gesehen habe." Sie hatten das Gefühl, dass Gott für sie im Tankstellenladen etwas vorbereitet hatte. Die Gruppe betrat den Laden und einer von ihnen fragte laut: „Hat irgendjemand von Ihnen zufällig Nackenschmerzen?"

Zwei Damen arbeiteten an der Theke. Eine von ihnen antwortete sarkastisch: „Das einzige, was mir im Nacken sitzt, ist mein Chef." Daraufhin verschwand sie.

Sie gingen auf die andere Frau zu und sagten: „Naja, das ist jetzt nicht genau das, was wir meinten. Haben Sie zufällig Schmerzen im Nacken?" Zögerlich gab sie zu, dass dies wirklich der Fall war.

Die Gruppe wusste, dass der Herr sie dorthin gebracht hatte, damit sie ihr dienten, also fragten sie: „Würde es Ihnen etwas ausmachen, wenn wir für sie beten?"

Sie deutete auf eine Überwachungskamera in der Ecke und sagte: „Ich glaub nicht, dass mein Chef das gerne sieht. Dann bekomme ich sicherlich Ärger."

Doch weil er sich nicht so leicht geschlagen geben wollten, schlug der Leiter der Gruppe vor: „Wie wäre es, wenn wir so tun, als ob wir Kaugummis kaufen wollen? Sie reichen uns dabei Ihre Hand herüber und wir beten für Sie."

Damit war sie einverstanden. Während sie beteten, hatte einer der Teenager ein weiteres Wort der Erkenntnis bezüglich ihrer Familie. „Sie haben in ihrer Familie viel Beziehungsstreit erlebt. Sie haben in letzter Zeit diese Last für Ihre Familie getragen, die so schwer ist, dass es sich sogar körperlich auf Ihre Schultern auswirkt." Die Frau begann zu weinen. Die Gruppe teilte die Liebe Jesu mit ihr und ermutigte sie mit dem, was Gott für ihre Familie geplant hatte.

Dies war nur ein normaler Tag im Leben dieser neuen Generation voller risikobereiter Erweckungsträger. Wohin sie auch gehen, halten sie Ausschau nach Gelegenheiten, andere Menschen in eine Begegnung mit Gott zu führen. Wie du sehen kannst, sind jedoch die meisten solcher Gelegenheiten mit Risiko verbunden und manchmal musst du in deinem Bemühen, dem Reden des Heiligen Geistes zu folgen, kreativ und beharrlich sein.

Gedankenanstöße

Lösen Geschichten wie diese in dir etwas aus, sodass du „gehen und das Gleiche tun" willst? Was hält dich vielleicht zurück?

....

....

....

Bist du jemals auf eine fremde Person zugegangen, um ihm oder ihr Gebet anzubieten? Ist auf dich schon mal jemand mit solch einem Angebot zugegangen? Wie passen solche Erlebnisse – bzw. das Ausbleiben solcher Erlebnisse – zu dem Auftrag, den Gott für dich im Alltag hat?

....

....

....

Denke über das Auftreten der Gruppenmitglieder in diesen Geschichten nach. Wie würdest du ihr Verhalten allgemein beschreiben? Was kannst du davon lernen?

....

....

....

Meditation

Wir sind dazu geschaffen, im Bereich des Übernatürlichen zu leben – in der Welt der Heilungen, prophetischer Worte, Begegnungen mit Engeln und den Geistesgaben. Es sollte das *Natürlich*ste für einen Christen sein, einen übernatürlichen Lebensstil zu haben. Wenn du mit deinem Glaubensleben nicht zufrieden bist, liegt es vielleicht daran, dass dir dieses überaus wichtige Element fehlt.

Jesus lud Petrus ein, auf dem Wasser zu laufen (siehe Matthäus 14,22-33). Und indem Er ihn herausforderte, dieses Risiko auf sich zu nehmen, lud Jesus ihn gleichzeitig in die Welt ein, in der Er die ganze Zeit lebte – die Welt des Übernatürlichen. Doch nicht nur Petrus, sondern auch wir sind eingeladen, dort zu leben. Jesus schaut dich an, wie Er auch Petrus ansah und Er sagt: „Komm." Er lädt dich zu einem übernatürlichen Leben ein. Kannst du Sein Rufen hören?

Kapitel 39

Auf den Bräutigam warten

Paul Manwaring

Denke einmal darüber nach: Für immer werden wir die Schwiegertochter Gottes sein! Dies ist ein Aspekt unseres gemeinsamen Erbes mit Jesus. Wir verlieben uns, nehmen den Nachnamen an und wie Schwiegertöchter werden wir zu Miterben mit dem Sohn.

Mehr als alle anderen Schreiber des Neuen Testamentes, gebraucht der Apostel Johannes das Bild der Braut, um unsere Beziehung zu Christus zu beschreiben. In Seinem Evangelium und dem Buch der Offenbarung wird dies besonders deutlich. Es beginnt damit, dass er Johannes den Täufer zitiert:

„Der die Braut hat, ist der Bräutigam; der Freund des Bräutigams aber, der dasteht und ihn hört, ist hoch erfreut über die Stimme des Bräutigams …" (Johannes 3,29).

In der englischen Übersetzung New International Version heißt es, dass der Freund auf den Bräutigam „*wartet*" und nach ihm „*horcht*".

Warum wartet „der Freund des Bräutigams" darauf, dessen Stimme zu hören? Nach der jüdischen Tradition war damals die Verlobung das wichtigste Ereignis – eine Entscheidung, die man nicht wieder zurücknehmen konnte. Du konntest den Ring nicht einfach zum Juwelier zurückbringen und dein Geld wieder erhalten. Wenn du einmal verlobt warst, dann warst du verlobt. Das war es dann. Nach diesem Ereignis ging der Bräutigam zurück zum Haus seines Vaters, um den Ort vorzubereiten, an dem sie wohnen würden.

Der Bräutigam ließ seinen Freund, den Trauzeugen, bei der Braut, um sicherzugehen, dass ihre Reinheit bewahrt wurde und um ihr bei der Hochzeitsvorbereitung zu helfen. Darum war er der Trauzeuge! Er war derjenige, dem der Bräutigam seine wertvollste Beziehung anvertrauen konnte – seine zukünftige Braut. Und das nächste Mal, wenn er die Stimme des Bräutigams hörte, wusste er, dass es nun an der Zeit war, ihm die Braut zu übergeben.

Dies ist ein wunderschönes Bild und hilft uns, die Sprache der Evangelien besser zu verstehen. Jesus sagte:

> *Im Hause meines Vaters sind viele Wohnungen. Wenn es nicht so wäre, würde ich euch gesagt haben: Ich gehe hin, euch eine Stätte zu bereiten? Und wenn ich hingehe und euch eine Stätte bereite, so komme ich wieder und werde euch zu mir nehmen, damit auch ihr seid, wo ich bin. (Johannes 14,2-3)*

Durch Seinen Tod und Seine Auferstehung schloss Christus einen Bund mit Seiner Braut – also mit uns – und verlobte Sich für immer mit uns. Dann ließ er den Geist der

Wahrheit bei uns, der uns rein hält und auf Seine Wiederkehr vorbereitet. Der Heilige Geist wartet gemeinsam mit uns voller Vorfreude auf die Stimme des Bräutigams. Aus diesem Grund steht in Offenbarung 22,17a: „*Und der Geist und die Braut sagen: Komm!*"

Am Ende der Geschichte dieser Welt steht eine Hochzeit und wir sollten das feiern, wenn wir auf Hochzeiten gehen, weil sie uns in vielen Dingen an die große Freude erinnern, die uns erwartet. Doch diese große Hochzeit ist nur der Anfang einer ewigen Ehe. Aus diesem Grund ist die Ehe das gewaltigste Bild ewiger Beziehung. Die Ehe ist ein Träger der Herrlichkeit Gottes: Sie offenbart die leidenschaftliche Zusage des Himmels mit der Absicht ewiger Liebe. Ehe ist unser Lehrer auf dem Weg zu dem Hochzeitsmahl des Lammes.

Die Kultur der Scheidung, die sich über das letzte halbe Jahrhundert entwickelt hat, erschüttert uns alle und es ist inzwischen ein wichtiger Gemeindedienst, Menschen, die eine Scheidung erlebt haben, im Wiederherstellungsprozess zu helfen. Doch obwohl wir sehen, dass Menschen nicht das erreichen, was Gott für die Ehe geplant hat, dürfen wir nicht aus den Augen verlieren, dass eine lebenslange Ehe immer noch das eigentliche Ziel ist! Ich möchte behaupten, dass wir dem Problem schlechter Ehen und Scheidung nachhaltig begegnen würden, wenn wir uns mehr Zeit nehmen würden, uns die Liebe Christi anzusehen. Denn Ehe ist richtig und wunderschön, wenn in ihr diese Liebe zum Ausdruck gebracht wird.

Unter uns gibt es Paare, die bereits das 60- oder 70-jährige Jubiläum ihres Bunds der Liebe gefeiert haben. Es ist eine Liebe, die durch das gemeinsame Durchstehen guter wie auch schlechter Zeiten im Leben nur noch stärker geworden ist. Ihr Leben ist die größte Leinwand mit einem

Porträt der Liebe Jesu, unserem Bräutigam – einer Liebe, die trotz unserer Untreue, Rebellion und Liebe zu anderen Göttern dazu bereit war, ihr eigenes Blut zu vergießen. Wir dürfen nicht aufhören, uns dieses Bild der Ehe vor Augen zu halten, denn was wir ansehen, zu dem werden wir!

In unserer Kultur der Unabhängigkeit vergessen wir oft, dass Ehe auch eine Adoption ist und verpassen daher ihre Vorzüge. Der Bräutigam wird von den Eltern der Braut adoptiert und sie von den seinen. Die Folge dieser Verbindung ist, dass die Kinder aus dieser Ehe durch ihre Eltern verbunden sind, und zwar nicht nur mit einer Kette von Beziehungen, sondern mit einem kompletten Teppich an Beziehungen. Diese verknüpften Beziehungen bringen, wenn sie das Bild Gottes widerspiegeln, jeder Generation Leben und Segen in vielfacher Weise.

Gedankenanstöße

Schätzt du die Tatsache, in alle Ewigkeit die Schwiegertochter Gottes, des Vaters, zu sein? Was gefällt dir an dem Gedanken? Was scheint dir möglicherweise weniger reizvoll daran? Höre hin, was Gott dir dazu sagt.

....

....

....

Wenn die Liebe der Ehemänner wirklich die Liebe Christi für Seine Gemeinde widerspiegelt, so wie Paulus es lehrte (siehe Epheser 5,25), dann erleben ihre Ehefrauen Freude an der Unterordnung unter ihre Ehemänner, so wie auch wir sie erleben, wenn wir unser Leben Christus unterstellen und in die Sicherheit und Freiheit der Nachfolge eintreten. Denke darüber nach, dass Ehe, wie auch in unserer göttlichen Einheit mit Jesus Christus, ein Zusammenspiel von Liebe und Unterordnung ist.

....

....

....

Inwiefern ist jede Ehe auch eine Adoption, besonders was das Königreich Gottes betrifft?

....

....

....

Meditation

Wir können nur das geben, was wir selbst empfangen haben. Wir dürfen nicht erwarten, uns gegenseitig wie Christus lieben zu können, wenn wir noch nicht gelernt haben, uns von Ihm lieben zu lassen. Wir müssen erst erleben, wie sehr Er uns liebt. Aus diesem Grund sprach Paulus nicht nur darüber, wie die Liebe aussieht, sondern betete in dem gleichen Brief auch ein kraftvolles apostolisches Gebet über uns:

> *Deshalb beuge ich meine Knie vor dem Vater, von dem jede Vaterschaft in den Himmeln und auf Erden benannt wird: Er gebe euch nach dem Reichtum seiner Herrlichkeit, mit Kraft gestärkt zu werden durch seinen Geist an dem inneren Menschen; dass der Christus durch den Glauben in euren Herzen wohne und ihr in Liebe gewurzelt und gegründet seid, damit ihr imstande seid, mit allen Heiligen völlig zu erfassen, was die Breite und Länge und Höhe und Tiefe ist, und zu erkennen die die Erkenntnis übersteigende Liebe des Christus, damit ihr erfüllt werdet zur ganzen Fülle Gottes. (Epheser 3,14-19)*

Empfange die Beantwortung dieses Gebets in deinem eigenen Leben. Strebe danach, die Liebe Christi zu kennen und verlass dich ganz auf Seine Kraft in dir, die dich in die Fülle dieser Liebe hineinführt. Das Hochzeitsmahl erwartet dich!

Kapitel 40

BEWAHRE DEIN HERZ!

BILL JOHNSON

Wir leben täglich an einer Schnittstelle – diesem Ort zwischen Geheimnis und Offenbarung. Meine Aufgabe ist es, meinem himmlischen Vater die Probleme und Situationen anzuvertrauen, die ich nicht verstehe. Gleichzeitig konzentriere ich mich darauf, dass ich das, was ich bereits verstanden habe, gut verwalte. Wie erfolgreich ich auf mein Herz aufpasse, bestimmt, wie viel Durchbrüche des Königreich Gottes ich in meinem Leben sehen werde. Anders formuliert: Meine innere Realität definiert oft, wie meine äußere Realität aussieht. Wenn ich in meinem Herzen gedeihe, blüht auch mein Leben auf.

Uns selbst im Herrn zu stärken ist ein wichtiger Teil des richtigen Umgangs mit unseren Herzen. Ich habe gewisse Strategien gelernt, um mich selbst im Herrn zu stärken, und ich wende sie bewusst an, sobald die Alarmglocken meines Herzens läuten. Doch ich kann nur richtig reagieren, wenn ich die Signale meines Herzens richtig erkenne und verstehe. Wenn in meinem Auto die Ölstand-Kontrollleuchte aufblinkt und ich es daraufhin zur Waschanlage bringe, habe ich offensichtlich nicht verstanden, was das Licht bedeutet. Noch schlimmer ist, dass das Problem nicht behoben ist und es bald in einer Autopanne enden wird.

Was mein Herz betrifft, so habe ich herausgefunden, dass es für mich nur einen Weg gibt, diese Strategien zu meiner Stärkung im Herrn richtig anzuwenden: Ich muss in meinem Denken grundlegende Wahrheiten verankern – Wahrheiten darüber, wer Gott wirklich ist und als welche Person Er mich geschaffen hat.

Diese Wahrheiten helfen mir dabei, die Warnsignale meines Herzens zu identifizieren.

Woher weißt du nun, dass dein Denken und dein Herz in enger Verbindung stehen? Hier im Westen herrscht die Meinung, dass unsere Gefühle und Gedanken zwei getrennte Dinge sind: Das Herz fühlt und der Verstand denkt. Doch die Bibel sagt uns: „*Wie er in seinem Herzen denkt, so ist er …*" (Sprüche 23,7[8]). Die hebräische Definition des Wortes *Herz* schließt sogar den gesamten „inneren Menschen" mit ein. Das Herz ist der Wohnsitz deines Verstandes, deiner Vorstellungskraft, deines Willens, deiner Sehnsüchte, Emotionen, Zuneigung, Erinnerungen und deines Bewusstseins. Außerdem ist es das Zentrum deiner Gemeinschaft mit dem Geist Gottes und in ihm ist die Fähigkeit angelegt, die geistliche Welt wahrzunehmen. Die Elberfelder Bibelübersetzung nennt dieses geistliche Wahrnehmungsvermögen auch „die Augen deines Herzens" (siehe Epheser 1,18). Zudem gibt dir das Herz die Fähigkeit zu glauben, was die Bibel als ein „*Überzeugtsein von der Wirklichkeit unsichtba-*

8 Wörtlich übersetzt aus der englischen Bibelübersetzung King James Version

rer Dinge" (Hebräer 11,1; NGÜ) bezeichnet. Dein Glaube wächst, wenn dein Herz – geleitet durch den Heiligen Geist – die unsichtbare Welt der geistlichen Wirklichkeit mehr und mehr wahrnimmt und versteht. Diese unsichtbare Welt regiert die sichtbare Welt und bringt deinen Verstand und Willen in Einklang mit der Realität des Königreichs Gottes. Was ich soeben beschrieben habe, ist im Wesentlichen der Prozess der Gedankenerneuerung.

Was gibt dieser Realität die Erlaubnis, in die Angelegenheiten unseres Lebens hineinzuwirken? Es sind unser innerlicher Fokus auf der geistlichen Wirklichkeit und unsere Übereinstimmung mit dieser. Entweder auf der Realität des Reiches Gottes, die auf der Wahrheit gründet, oder die zerstörerische Realität des feindlichen Königreichs, die auf Lügen aufgebaut ist.

Diese Kraft der Übereinstimmung mit der geistlichen Realität, die dadurch kommt, dass wir unseren Fokus darauf legen, offenbart eine weitere Dimension des Prinzips, dass aus dem Herzen das Leben fließt: *Du wirst zu dem, was du betrachtest.* Gott hat deutlich gezeigt, was wir werden sollen. Es ist das Potenzial, in das wir berufen sind, im Laufe unseres Lebens hineinzuwachsen. Wir werden zu Königen und Priestern dieser Erde, indem wir unserem älteren Bruder Jesus folgen. Aus diesem Grund fordert uns der Hebräerbrief auf, unsere Augen stets auf Jesus zu richten (siehe Hebräer 12,2). Unser Ziel ist es, unseren Fokus auf Ihm zu behalten, weil wir dann zu dem werden, den wir anschauen. Das Maß, in dem wir unsere Identität und Bestimmung verstehen – also wer wir werden sollen – wird immer dadurch bestimmt, wie groß unsere Offenbarung von Jesus ist. Er ist die exakte Repräsentation des Vaters, in dessen Bild wir geschaffen sind.

Jesus anzusehen darf nicht auf Bibellesen reduziert werden. Er starb, damit derselbe Geist, der in bzw. auf ihm war und der ihm jederzeit Zugang zum Reden und Handeln des Vaters gab, auch in uns Wohnung nehmen kann. Die Wahrheit ist, dass jeder Gläubige allezeit Zugang zu der manifesten Gegenwart Gottes hat. Wir sind unter einem offenen Himmel.

Doch wir müssen diesen Zugang in Anspruch nehmen und dies tun wir, indem wir unser ganzes Augenmerk auf Ihn richten. Nur an diesem Ort der Gemeinschaft lernen wir Ihn wirklich *kennen* und erhalten eine Offenbarung über unsere Identität und Bestimmung. Indem wir Ja sagen zu dem, wer Er ist, fängt nun diese Realität an, in unser Leben hineinzufließen und uns immer mehr in Sein Ebenbild zu verwandeln. Alle Fruchtbarkeit in unserem Leben fließt von diesem Ort der Intimität mit dem Herrn.

Gedankenanstöße

Wie hast du dich in Bezug auf die Fähigkeit, die Signale deines Herzens zu verstehen, verändert, je mehr du im Herrn gereift bist? Vielleicht kannst du in eigenen Worten beschreiben, inwiefern dein Herz die Erneuerung deines Verstandes ermöglicht hat.

....

....

....

Wo siehst du in deinem Leben die Wahrheit der Aussage: „Du wirst, was du betrachtest"?

....

....

....

Denke bezüglich dessen, was du soeben gelesen hast, über folgende Worte Jesu nach: *„Du sollst den Herrn, deinen Gott, lieben mit deinem ganzen Herzen und mit deiner ganzen Seele und mit deinem ganzen Verstand."* (Matthäus 22,37)

....

....

....

Meditation

All die verschiedenen Aspekte des christlichen Lebens im Auge zu behalten, kann manchmal überfordernd sein. Es gibt eine scheinbar endlose Liste an Dingen, für die wir verantwortlich sind. Da wären Beziehungen innerhalb und außerhalb deines engsten Familienkreises, dein Arbeitsplatz, geistlicher Dienst, gemeinnütziges Engagement und Evangelisation. Und dann gibt es noch christliche Disziplinen wie Gebet, das persönliche Bibelstudium, Zeugnis geben, gemeinsame Versammlungen, fasten und vieles mehr. Um noch eins draufzusetzen, schaffen es die meisten von uns, einfach Dinge sehr kompliziert zu machen. Dennoch hat uns Jesus einen einfachen Lebensstil vorgelebt – einen Lebensstil ohne Sorgen und trotzdem nicht verantwortungslos.

Salomo hat anscheinend einen Schlüssel zu diesem Lebensstil des Königreichs erkannt, denn er schrieb:

> *„Mehr als alles, was man sonst bewahrt, behüte dein Herz! Denn in ihm entspringt die Quelle des Lebens." (Sprüche 4,23).*

Alle Bereiche deines Lebens fließen wie Ströme von einem zentralen Ort: Deinem Herzen! Was du tust, um diesen Ort gut zu verwalten, wird das Ergebnis deines Lebens bestimmen.

Nimm heute einfach erneut Gottes Einladung an und gib Ihm dein ganzes Herz. Antworte auf Seine lebendige Gegenwart und Er wir deinen Geist in einen besseren Wohnort Seines Geistes verwandeln.

Über die Autoren

Bill Johnson ist ein Pastor in der fünften Generation mit einem reichen Erbe im Heiligen Geist. Bill und seine Frau Beni sind die leitenden Pastoren der Bethel Church in Redding, Kalifornien. Sie dienen einer wachsenden Anzahl von Gemeinden, die eine überkonfessionelle Partnerschaft auf Leitungsebene eingegangen sind um Erweckung zu sehen. **Beni Johnson** beaufsichtigt die Fürbitte und das Gebetshaus in der Bethel Gemeinde. Ihr Ansatz in der Fürbitte macht übernatürliche Erfahrungen mit dem Herrn für jeden zugänglich. Die drei Kinder von Bill und Beni und ihre Ehepartner sind alle im Vollzeitdienst tätig. Sie haben acht wunderbare Enkelkinder.

Eric Johnson ist Mitglied des Senior Leadership Team in der Bethel Gemeinde und ist auch der leitende Aufseher für den 2ten Jahrgang der *Bethel Supernatural School of Ministry*. Eric ist Pastor in sechster Generation mit einem Hunger, dass Menschen die Kraft Gottes in ihrem Leben erleben. Seine Frau Candace und er habe eine Leidenschaft, Transformation in den Nationen zu sehen. Eine ihrer schönsten Aufgaben ist die Erziehung ihrer beiden Töchter, Kennedy und Selah.

Danny Silk dient als leitender Pastor in der Bethel Church. Er ist Leiter des *Global Transformation Instituts, der Healing Rooms* und der Stadtevangelisation. Er beaufsichtigt auch die Mitarbeiterentwicklung in der Bethel Gemeinde. Danny und seine Frau Sheri leiten *Loving on Purpose*, eine Organisation mit dem Ziel, Familien und Gemeinschaften auf lokaler, nationaler und internationaler Ebene zu stärken.

Kevin Dedmon hat einen Reisedienst, der sich darauf konzentriert, Gemeinden auszurüsten, zu bevollmächtigen und zu aktivieren, damit sie übernatürliche Evangelisation durch Zeichen und Wunder, Heilungen und Prophetien ausüben können. Er hat einen Master in Gemeindeleitung und ist seit mehr als 25 Jahren im vollzeitlichen Dienst. Er und seine Frau sind Teil des Mitarbeiterstabes der Bethel-Gemeinde.

Chris Overstreet dient als evangelistischer Pastor der Bethel Gemeinde und der *School of Supernatural Ministry*. In seinem Dienst geschehen viele Wunder, Errettungen und Lebensveränderungen, da Chris ein natürlich übernatürliches Leben lebt. Chris und seine Frau Stefanie, eine examinierte Krankenschwester, haben ein Herz für Mission. Sie reisen weltweit, um gewöhnliche Menschen in übernatürlicher Evangelisation auszubilden.

Banning Liebscher Banning Liebscher und seine Frau SeaJay sind seit über zehn Jahren Teil des Mitarbeiterstabs der Bethel Gemeinde in Redding. Sie sind die Leiter der *Jesus Culture*, ein Dienst, der sich dem Mobilisieren und Ausrüsten einer neuen Generation von Erweckungsträgern und ihrer weltweiten Aussendung gewidmet hat. Banning ist der ehemalige Jugendpastor der Bethel Church und einer der Hauptverantwortlichen in der School of Supernatural Ministry.

Judy Franklin arbeitet für den Pastor der Bethel Gemeinde, Bill Johnson. Ihre Erfahrungen, die sie mit Gott gemacht hat, haben sie für viele zu einer Brücke in den unsichtbaren Bereich gemacht. Sie hat ein Herz es anderen zu zeigen, wie man in einer engen Beziehung mit Gott leben kann. Sie hat drei Kinder, sieben Enkelkinder und einen Urenkel.

Chad Dedmon hat Erfahrungen als vollzeitlicher Pastor in der Arbeit mit Jugendlichen und jungen Erwachsenen. Chad und seine Frau Julia wurden ordiniert als Diener des Evangeliums durch Dr. Rolland und Dr. Heidi Baker von Iris Ministries sowie von den Hauptleitern Bill und Beni Johnson der Bethel-Gemeinde. Sie wohnen in Orange County, Kalifornien und reisen in ihrem Dienst durch die ganze Welt.

Paul Manwaring ist Pastor und Mitglied des Senior Management Teams der Bethel Gemeinde. Er ist verantwortlich für die Betreuung von Global Legacy, einem apostolisch, beziehungsorientierten Netzwerk von Leitern. Er war 19 Jahre lang im Management eines Gefängnisses in England tätig und ist staatlich geprüfter psychatrischer Krankenpfleger. Er hat einen Abschluss für Management an der Cambridge University. Paul ist verheiratet und hat 2 Söhne und 2 Enkelsöhne.